O QUE VAI MUDAR AS
MARCAS

K17q   Kapferer, Jean-Noël
         O que vai mudar as marcas / Jean-Noël Kapferer; trad. Carolina Huang. – Porto Alegre : Bookman, 2004.

         1. Administração – Marketing. I. Título.

                    CDU 658.8.012.12

Catalogação na publicação: Mônica Ballejo Canto – CRB 10/1023

                 ISBN 85-363-0367-0

JEAN-NOËL KAPFERER

O QUE VAI MUDAR AS MARCAS

Tradução:
CAROLINA HUANG

Consultoria, supervisão e revisão técnica desta edição:
TENIZA DA SILVEIRA
Doutora em Administração
Professora da Unisinos

Bookman

2004

Obra originalmente publicada sob o título:
Ce qui va changer les marques
© Éditions d'Organisation, 2002

ISBN 2-7081-2735-7

Capa:
TATIANA SPERHACKE

Preparação do original:
WALSON PONTES CARPES

Supervisão editorial:
ARYSINHA JACQUES AFFONSO

Editoração eletrônica:
AGE – ASSESSORIA GRÁFICA E EDITORIAL LTDA.

Reservados todos os direitos de publicação em língua portuguesa à
ARTMED® EDITORA S.A.
(Bookman® Companhia Editora é uma divisão da Artmed® Editora S.A.)
Av. Jerônimo de Ornelas, 670 – Santana
90040-340 – Porto Alegre, RS, Brasil
Fone: (51) 3330-3444 Fax: (51) 3330-2378

É proibida a duplicação ou reprodução deste volume, no todo ou em parte,
sob quaisquer formas ou por quaisquer meios (eletrônico, mecânico, gravação,
fotocópia, distribuição na Web e outros), sem permissão expressa da Editora.

SÃO PAULO
Av. Rebouças, 1.073 – Jardins
05401-150 – São Paulo, SP, Brasil
Fone: (11) 3062-3757 Fax: (11) 3062-2487

SAC 0800 703-3444

IMPRESSO NO BRASIL
PRINTED IN BRAZIL

Introdução

Os princípios fundadores das marcas foram concebidos em uma época passada e aqueles parâmetros-chave não possuem mais relação com os de hoje nem com os de amanhã. Evidentemente, a lógica da marca continua globalmente a mesma, centrada nas noções essenciais de diferenciação, identidade da marca, imaginário da marca, valor agregado, capitalização, inovação, extensão de marca e relacionamento. Porém, descontinuidades de porte sobrevieram no ambiente moderno da concorrência e dos mercados: a ascensão do intangível como fonte de diferenciação, a fragmentação dos mercados e das mídias, a globalização da concorrência e das marcas e o surgimento de um poder antiglobalização, a potência ainda maior da distribuição concentrada, que agora é totalmente internacional. Também é preciso integrar a revolução tecnológica interativa: após a explosão da Internet, uma primeira página certamente foi virada, mas o fenômeno essencial persiste e o verdadeiro trabalho continua.

É tempo de antecipar a gestão de marca do futuro, seja de produtor ou de distribuidor. Quais princípios estão sendo transformados? Quais deles finalmente vêm a ser reforçados? Quais conselhos devem ser dados às marcas que abordam essas mudanças e querem pôr em prática esses novos princípios? Modernamente, numerosas marcas prefiguram essa gestão e a sua análise revela as pistas operacionais mais promissoras. É para uma reflexão fundamental, um verdadeiro questionamento das práticas, mas também uma soma de proposições, que convidamos os leitores, gestores de marcas, analistas, consultores ou simplesmente os apaixonados por marcas.

Sumário

PARTE I
CONSTATAÇÃO: a inevitável transformação das marcas

Em que estágio estamos da globalização das marcas, da mundialização delas, da fragmentação dos mercados e das mídias, do aumento do poder dos distribuidores, da integração das tecnologias interativas, da Internet e suas potencialidades reais, uma vez que as fantasias sucumbiram?

1 O interminável dilema do local e do global 13
Até que ponto se pode realizar a globalização das marcas? 13
- O que significa globalizar a marca 13
- As três facetas globalizáveis da marca 14
- O renovado interesse pelas marcas locais 15
- O paradoxo do local e do global 16

A globalização em questão: o que Sem Logo *aborda* 17
- O lado oculto da globalização das marcas 17
- A empresa não pode mais se esconder atrás de sua marca 19

2 As últimas mutações de marcas 22
O surgimento de marcas sem produção 22
- Do produto à marca 22
- Da marca ao contrato 24
- Quando a marca antecede o produto 25
- A potência por meio da extensão 26
- Marcas sem produção 27

Os obstáculos às mudanças 28
- A marca como refém de sua nação 29
- O impossível reposicionamento interno 30
- As marcas emblemáticas podem durar? 31
- Reinventar a marca preservando a sua identidade 33

Saber extinguir as suas marcas 34
- Estar pronto para a evolução dos mercados 34
- O caso Orange 35

Por que há tantos novos nomes de empresas? 37
- Mudança de nome, mudança de identidade 37

- O impacto interno 39
- O poder dos símbolos 39

As fusões de empresas 39
- O problema do valor das marcas 40
- Transformar ou não o grupo em uma marca? 41
- A armadilha das siglas 42
- A tentação do nome duplo 43
  1. O que se está querendo dizer? 44
  2. Preservar o *goodwill* 45
  3. Algumas considerações sobre comunicação 46
- Expandir a marca corporativa para fazê-la viver 46

3 Os ditames da mudança 48

Crescer por meio da inovação 49
- A marca é o subproduto da inovação 49
- A inovação continua sendo o oxigênio da marca 50
- O que conta é o ritmo das inovações 51
- O único amparo contra as marcas próprias 52
- Liberar os obstáculos da inovação 53

Crescer por meio da extensão de marca 54
- A extensão não dispensa a inovação 55
- A extensão não exclui a análise estratégica 55
- Redefinir o núcleo de identidade da marca 55
- Respeitar as regras do mercado da extensão 56

A nova importância do design 57
- As fontes dessa nova importância 57
- Da imagem à identidade de marca 59
- Um caso exemplar: a Peugeot 59

As Pequenas e Médias Empresas podem criar marcas? 60
- Uma revisão necessária: como nascem as marcas? 61
- Uma estratégia de "empurrar" 62
- Dois casos típicos 63
- Os fatores-chave do sucesso 65

PARTE II
OBSERVAÇÕES: para novos modelos de marcas

Propomos aqui concentrar o foco nos novos princípios que devem, a nosso ver, obrigatoriamente governar as marcas e sua gestão operacional. Vamos detalhá-los um por um, revelando a sua intensa necessidade, as chaves da aplicação operacional, bem como casos concretos precursores.

---

1 Valorizar o envolvimento e a experiência diretos 69

Energize a cadeia de valor de sua marca 70
- Repensar o modo de influência da marca 70
- Os limites do modelo de ação clássico 71
- Como se cria valor hoje? 73

- Uma alavanca da marca: a cadeia de propagação e ampliação de seu valor 73
- Os caminhos do novo envolvimento 74
- Item 1: só existem opiniões coletivas 75
- Item 2: comunidades virtuais, mas também comunidades reais 75
- Item 3: o melhor predicador do comportamento continua sendo o comportamento 75
- Item 4: não há envolvimento melhor do que o envolvimento público 76
- Item 5: toda marca é marca comunitária 76
- Uma nova perspectiva para as marcas 76
- Favorecer as "conversas" entre comunidades 77
- Entre o *marketing* de massa e o *marketing* um a um: a energização da marca 77
- Aplicação prática operacional da energização 78

Desenvolva primeiro a marca dentro da empresa 78
- Vender uma nova identidade: o caso Renault 79
- O *marketing* das experiências diretas 81

Faça as suas lojas falarem 81
- Enfim, expressar-se completamente! 82
- Um precursor: a Virgin Megastore 83
- Guinada estratégica na Benetton 84

Vá até o cliente 86
- A Fleury Michon inova na matéria 86
- Uma conduta de múltiplos benefícios 87
- Que marca deve acompanhar esse movimento? 88
- Hipermercados e comércio eletrônico: capitalizar sobre sua marca? 88

2 Avaliar o grau de personalização 91
O marketing um a um é para todos? 92
- O que significa um a um 93
- A marca interconectada 95
- O *marketing* um a um não é mais fonte de diferenciação! 97
- A respeito do *e*-CRM 98
- Até que ponto se pode impelir a personalização da própria oferta? 99
- O papel necessário do *marketing* de massa 102
- Quem está menos envolvido pelo *marketing* um a um? 103

Por favor, mais relação e menos CRM! 105
- Existem fidelidades e fidelidades 105
- Michelin: precursora da verdadeira relação 106
- O *e*-CRM ainda está longe de suas potencialidades 106

3 Aproveitar a revolução interativa 108
A Internet subverte as marcas 108
- Marca e economia de informação imperfeita 108
- Marca e transparência de mercado 109
- A recaptura do cliente 110
- Complementaridade ou canibalização das redes? 112

- O equilíbrio dos preços 113
A marca pós-Internet 114
- Os novos valores do mercado 114
- Um verdadeiro valor agregado: a experiência Web 117
- Marca ou mídia? 118
As marcas eletrônicas são marcas? 119
- É o valor que cria a valorização 119
- Revolução na comunicação? 120
- Os critérios que compõem a marca 121
- Proximidade virtual e proximidade psicológica 122
- Qual é o nome ideal para as marcas de Internet? 123
- As etapas do lançamento da *e*-marca 124
- Enriquecer a proposta de valor 126
- Saber fazer o modelo de negócio evoluir rapidamente 126
Existe espaço para um segundo lugar na Internet? 127
A Internet e o mercado financeiro: da empresa à marca 130
As marcas de luxo diante da Internet 132
Da Disneylândia à Amazon: a dura lei da economia 135
Internet: uma revolução para os boatos 137

4 Antecipar a evolução dos distribuidores 140
As marcas próprias estão apostando na inovação 140
- O papel estratégico das marcas posicionadoras 141
- Qual é a inovação certa para cada marca própria? 142
- A importância das parcerias com os industriais 144
- Reagir com rapidez na criação dos mercados 145
- Inovações de fabricantes e inovações de distribuidores 145
- O futuro já chegou: portfólios de marcas de referência e de
  marcas próprias 147
As marcas fidelizam? 148
- O que os estudos mostram 148
- Por que esse déficit de fidelidade? 149
- Fatores da desfidelização 151
Batalhas de referências em torno do euro 151
- Como o consumidor deve reagir? 152
- As perdas das referências lentamente adquiridas 152
- Transformar o problema em oportunidade de conquista 153

Conclusão 155

Bibliografia 157

Índice de marcas citadas 159

Índice 163

Parte I

CONSTATAÇÃO:
a inevitável transformação das marcas

Em que estágio estamos da globalização das marcas, da mundialização delas, da fragmentação dos mercados e das mídias, do aumento do poder dos distribuidores, da integração das tecnologias interativas, da Internet e suas potencialidades reais, uma vez que as fantasias sucumbiram?

1

O interminável dilema do local e do global

Regularmente, a imprensa econômica chama a atenção para uma enorme reviravolta no combate ideológico que opõe os partidários da globalização das marcas e aqueles que preconizam uma certa localização. Quando essa reviravolta direcionada ao local diz respeito ao McDonald's ou à Procter & Gamble, aí existe valor de exemplo. O erro, entretanto, é considerar essas mudanças como reviravoltas. Elas são inevitáveis, da mesma forma que aqueles que pregam a localização, em determinado momento, deverão introduzir a globalização em sua abordagem: é o caso da Unilever, que, como se sabe, quer passar de 1.600 marcas no mundo para 400, entre as quais 40 megamarcas mundiais, da mesma maneira que Tide, Maggi, Colgate ou Nivea. Contudo, ao mesmo tempo em que escrevemos estas linhas, devemos reconhecer que Tide não é verdadeiramente uma marca mundial: ela se chama Ariel na Europa, e mesmo na Itália a Ariel se chama, na verdade, Dash! As pretensas marcas globais não são tão mundiais como se acredita.

ATÉ QUE PONTO SE PODE REALIZAR A GLOBALIZAÇÃO DAS MARCAS?

O que significa globalizar a marca. Uma certa confusão domina o termo *globalização*. Dois sentidos extremos podem ser-lhe atribuídos. O primeiro, minimalista, diz que uma marca é global quando é conhecida no mundo inteiro. Por essa razão, a Moulinex é certamente uma das raras marcas francesas globais, muito mais que a Seb, a Téfal, a Rowenta ou a Calor, marcas internacionais do comprador da Moulinex, o Grupo Seb (isso explica o seu interesse em comprá-la). O segundo sentido, mais restritivo, faz referência à homogeneidade completa do *marketing mix* da marca global no mundo. Por isso, as marcas realmente globais podem ser contadas nos dedos: Mars, Smirnoff, Jack Daniels, Absolut, Lancôme, Nivea, Dell, Orange? Para entrar nesse círculo restrito, é preciso privilegiar a unidade mais do que a diversidade, a homogeneidade mais do que a adaptação. É um modelo de gestão governado essencialmente pelos custos e pela busca por eficiências.

Ferramentas como o primeiro AC Nielsen *Global Brand Report*, publicado em 2001, fazem, na verdade, referência ao primeiro sentido. Elas enfocam o nome e não a aplicação prática da marca de acordo com as zonas mundiais.

As três facetas globalizáveis da marca. Como se sabe, a marca é um sistema vivo composto de três elementos: um multissinal (nome, identidade gráfica, símbolo), associado a um (ou mais) produto(s)/serviço(s), ao(s) qual (quais) é associada uma promessa de qualidade, segurança e pertinência a um universo. A globalização em seu sentido estrito (homogeneização do *marketing*) pode, portanto, referir-se não apenas a um desses elementos mas a dois ou aos três (a versão mais subordinante).

Assim, pode-se ter, sob um mesmo nome, produtos e posicionamentos diferentes, conforme os países. Pode-se também ter, sob o mesmo nome e o mesmo produto, posicionamentos diferentes, conforme os países: é o caso de todas as marcas exportadas. A Evian é uma água *top* de linha nos EUA, quase um luxo. O Mars substitui uma refeição na Grã-Bretanha, mas é uma barra energética no resto da Europa.

Essas distinções são importantes, pois devemos lembrar: a estratégia é a arte da diferença. Não é porque a globalização está na moda – para tirar partido da comunicação mundial, a qual veicula os símbolos em todos os mercados e lares – que todas as empresas devem seguir o mesmo molde.

Certamente, a redução dos custos é importante, mas diferenças de cultura ainda existem. Na Europa, não existe norma para o tamanho dos travesseiros!!! Uma marca licenciada como a Ralph Lauren deve, portanto, considerar esse fato inevitável e apoiar-se em operadores locais em matéria de cama, mesa e banho. Em contrapartida, ao produzir em uma só fábrica, a L'Oréal Paris executa um *marketing* da oferta e impõe seus produtos/modelos de beleza pelo mundo todo. As consumidoras consomem o internacional, a participação simbólica no mundo da beleza parisiense, assim como as da Maybelline aderem aos estereótipos da beleza *made in USA*. Os xampus são, pois, únicos, bem como as embalagens, os posicionamentos, as propagandas. Mas o modelo não é absoluto, pois Elsève é El'vital no norte da Europa.

Uma lição a ser aprendida é que existem várias combinatórias de globalização entre o produto, o nome e o posicionamento. O mais interessante é reduzir os custos da embalagem: diferenças, conforme os países, raramente agregam valor para o consumidor ou para o revendedor. No máximo, criam uma barreira, bem fraca, contra as comparações de preço.

A homogeneidade do produto também é uma fonte de redução dos custos. A marca única é, enfim, uma opção estratégica pesada, principalmente quando se construiu *brand equities* locais (capital de marca) através dos tempos. Por que seria preciso renomear Ariel como Tide, seu equivalente nos EUA? Para patrocinar os Jogos Olímpicos? Seria melhor desenvolver novos conceitos de produtos e divulgá-los como Tide na França e como Ariel lá. A inovação é o oxigênio da marca. A vantagem dos grupos mundiais é a capacidade de inovação. Um grupo como a Unilever, por exemplo, divulga as suas inovações mundiais localmente por meio de suas melhores marcas, pois uma marca é um vínculo de confiança que facilita a adoção das inovações, que estabelecem constantemente a pertinência da marca, a sua capacidade de provar que compreendeu bem os problemas e as expectativas de hoje. Isso explica o interesse muito freqüente pelas marcas ditas locais ou regionais.

O renovado interesse pelas marcas locais. Salientamos no primeiro livro (Remarques 1) o interesse financeiro das marcas locais e destacamos que o procedimento da Procter & Gamble na Europa, prestes a sacrificar na Bélgica e na Holanda as suas marcas locais rentáveis, líderes de seus segmentos e dotadas de capital de vínculo aos consumidores, era injustificável em um plano gerencial e econômico. Apenas a ideologia podia explicar esses suicídios de marcas. Quando se toma conhecimento de que um terço da participação de mercado dos produtos lava-roupas detido pela Procter & Gamble na Europa é atribuído a marcas locais, se compreende que não seria duradouramente possível para essa empresa pragmática abandoná-las na medida em que, em tal categoria, o objetivo declarado da Procter & Gamble é consolidar a sua liderança. Isso explica a sua recente reviravolta.

O caso Bonux é sintomático do retorno ao realismo. A Bonux é a mais antiga marca da Procter & Gamble na França. Comprada em 1962, foi um produto lava-roupas para lavagem manual, antes de ser reposicionado para a máquina de lavar. Sua participação de mercado chegou a atingir 14%. Sua promessa histórica aliava brancura ao famigerado presente Bonux. Por falta de inovação, a marca decaiu lentamente, sendo o seu papel o de bloquear, por meio de seu baixo preço, a participação de mercado das marcas próprias. Em 1990, decidiram extinguir o tal presente e preservar o eixo do preço. A marca reviveu até os 4% de participação de mercado e chegou a atingir até 6%, graças a uma saga publicitária em 1996/1997. Naquela ocasião, a Bonux havia sido lançada na Bélgica e até um teste foi realizado nos EUA. Porém, em 1998/1999, a empresa interrompeu todo investimento, centrando-se somente em suas marcas globais. A participação de mercado caiu para 1,5%, o que a fez perder a referência para o Carrefour, por exemplo.

Os concorrentes desse segmento de preço baixo desfrutavam de melhores participações de mercado graças à promoção das vendas (a metade de seu volume era vendida em promoções), Xtra (7%), Persil (5%), Gama (4%). Em 2000, decidiram relançar os presentes Bonux de forma moderna, por exemplo, com a licença Digimon, depois Razmoket e, finalmente em 2000, a licença E.T., pois o filme *Contatos Imediatos do Terceiro Grau* havia retornado remasterizado 20 anos depois de seu lançamento.

Em abril de 2001, principalmente, uma nova campanha publicitária televisiva foi decidida, visando a relançar a Bonux com atenção ao seu capital de marca (a brancura e os presentes). Em alguns meses, passou-se de 1,5 a 2,3% de participação de mercado com uma única referência. Para desenvolver essa participação, a marca apresentou então uma versão líquida e outra em tabletes.

O paradoxo do local e do global. O caso acima não caracteriza uma reviravolta, mas um paradoxo. A escolha entre global e local não é um problema propriamente dito, mas um paradoxo. De fato, não é possível dar-lhe uma resposta satisfatória duradoura. Quanto mais se quer maximizar a satisfação de uma das facetas (por exemplo, a globalização), mais se cria tensões que vão obrigar a dar satisfação à outra faceta (portanto, a localização do *marketing*). Não se pode resolver um paradoxo. Tudo o que se pode fazer é otimizar a um determinado momento.

O caso do Ariel, lava-roupas líder do mercado na Europa, é significativo. Durante o verão de 2000, em pleno período de globalização generalizada na Procter, foi lançado o primeiro filme televisivo do Ariel, único para toda a Europa. Em setembro de 2001, os países assistiram novamente a filmes diferentes. Com demasiada vontade de globalizar, havia sido feito um filme de compromisso, único, que negligenciava desse modo, um dado maior: a imagem do produto Ariel não é a mesma em todos os países. Se é possível à Procter lançar marcas totalmente novas no mundo em um tempo recorde (a Swifer foi lançada no mundo inteiro em oito meses), querer emplacar uma estratégia globalizante sobre uma marca de herança forte e antiga revelou-se contraprodutivo. Os resultados numéricos mostraram isso. O que explica o retorno a um *marketing* mais local.

Apostemos que, em um futuro próximo, com a força inversa sendo contraída durante alguns anos, assistiremos a uma grande vontade de re-globalizar. Será normal. É o que acontece com os paradoxos.

A GLOBALIZAÇÃO EM QUESTÃO: O QUE *SEM LOGO* ABORDA

Todos falam de *Sem Logo*, mas poucos o leram[1]. Entretanto, o sucesso desse livro, bem documentado, aliás, deveria incitar à prudência e, de qualquer forma, à reflexão nos estados-maiores das marcas.

É sempre bom perguntar-se sobre o que originou essa mensagem – no caso, a América do Norte, terra do capitalismo triunfante, da globalização das empresas e das marcas, e da soberania virtuosa das leis do mercado. É preciso também perguntar-se sobre a época de seu aparecimento. Neste início de milênio, não há mais como voltar no tempo. O capitalismo reina agora sem reserva nem alternativa e estende a sua esfera de influência ao pensamento de todos os dirigentes e políticos do mundo inteiro. Nos EUA, ele já estende a sua lógica a zonas que não eram até então de comércio e encontravam-se protegidas pela ética, pela religião, pelo sagrado, como a biologia, as manipulações genéticas, a saúde, a educação, a cultura... Naomi Klein emociona-se com isso e é seu direito. Como faceta visível do capitalismo triunfante, as marcas atraem as suas análises e críticas. Ela se surpreendeu com a invasão das marcas no espaço público e cultural e denuncia a globalização das marcas como fator de homogeneização do mundo e de redução da diversidade, da variedade, já que as marcas globais deixam pouco espaço para os hábitos e costumes locais. De fato, o centro de Xangai agora não é tão diferente do de Nova York.

Na Europa, onde a idéia de uma intervenção do Estado como contrapoder ao capitalismo puro ainda é legítima, pelo menos em lugares como a França ou a Escandinávia, suas teses e sua sensibilidade encontraram um acolhimento natural. No plano mundial, encontram a sensibilidade dos ativistas antiglobalização, de José Bové a Attac.

O lado oculto da globalização das marcas. Na realidade, a autora de *Sem Logo* surpreendeu-se, neste início de século, com a conjunção de cinco eventos:

1. A mundialização, que leva à produção ainda mais barata nos países subdesenvolvidos, conservando nos países desenvolvidos apenas as

[1] KLEIN, N. *Sem Logo.* Rio de Janeiro: Record, 2002.

atividades com alto valor agregado, sejam materiais ou imateriais, como o *marketing* e o *design*. Esse movimento não é novo, mas em sua forma principal atualmente está alçado ao nível de modelo, com o nome de empresas sem fábricas, como a Nike ou a Alcatel.
2. A globalização, que leva à difusão dos modelos e símbolos (portanto, marcas) através das fronteiras e das culturas por meio da livre circulação de imagens no *marketspace* e pela onipresença da televisão aberta no mundo.
3. O reinado, agora sem concorrência, do capitalismo e de seu sistema de valores e funcionamento.
4. A extensão desse capitalismo nas esferas consideradas até então privadas, protegidas do comércio.
5. A dura realidade do Terceiro Mundo e particularmente, das condições de trabalho nas empresas deslocalizadas e nos subcontratados locais, servos da nossa prosperidade ocidental.

Essa conjunção parece-lhe sinal de uma imbricação, de uma rede lógica de causas e efeitos. Ao contrário do que o seu título faz pensar, *Sem Logo* não castiga as marcas enquanto tais, mas o processo de desmaterialização avançada à qual se dedicam algumas empresas, em nome de uma concepção puramente imaterial da marca. Se Naomi Klein culpa a Nike, não o faz por acaso. Ela responsabiliza a Nike – como é típico da mundialização – de ter fechado todas as suas fábricas nos EUA e jogado, assim, no desemprego crônico os pais das crianças dos guetos atuais; mais tarde, de propor a essas crianças, que se tornaram adolescentes, escapar dessa situação por meio do esporte e do atletismo com tênis de 150 dólares o par, símbolos de uma marca que os faz existir nas mídias. Tudo isso sob os estímulos de Michael Jordan e Tiger Woods, devidamente pagos para aprová-los. Além disso, ao mesmo tempo em que a Nike vende moletons a 50 dólares pelo mundo todo, se multiplicam as *sweatshops* do Terceiro Mundo, fábricas de subcontratados da Nike, lugares insalubres onde crianças trabalham sem trégua.

É, portanto, errôneo perceber nesse livro uma simples crítica às marcas. Em contrapartida, ele chama a atenção para os comportamentos das próprias empresas e para um desgoverno.

A partir do momento em que a empresa não cresce mais senão no imaterial, como única fonte de valor financeiro a longo prazo, isto é, nas patentes, no *design*, na comunicação, na marca, ela quer preservar o controle exclusivo e, em contrapartida, não deseja mais conservar responsabilidade sobre a produção. Vê-se, portanto, que o culto ao imaterial pode ter uma conseqüência organizacional: a ruptura do vínculo orgânico com a produção, relegada à distância, às fronteiras do visível e do audível, no Terceiro Mundo. Essa lógica é a da empresa sem fábricas: é a da Nike, mas a Alcatel a retomou em seguida. O problema surge porque essa ruptura do vínculo jurídico com a produção significou, para Phil Knight, que ele não era mais moralmente responsável por aquilo que se passava nas fábricas dos subcontratados, ao passo que os menores movimentos privados dos esportistas patrocinados pela marca Nike são examinados para saber se estão bem de acordo com o contrato e com a reputação da marca.

A empresa não pode mais se esconder atrás de sua marca. O aumento dos protestos criados por revelações jornalísticas sobre as *sweatshops* dos servos da Nike levaram a marca, por muito tempo alheia a esses rumores, a recuar. Contra a sua vontade. É o sinal, agradecemos a Naomi Klein por ter lembrado, de que a empresa não pode mais se esconder atrás de sua marca – e isto, *a fortiori,* se for dona de um discurso angelical.

Já que a marca é o imaterial e a empresa é o corpo (daí o nome: corporação), não poderia existir, na era da transparência, separação entre os símbolos e os atos. Não se pode querer ser o símbolo mundial do respeito individual e da auto-superação pelo esporte e, ao mesmo tempo, considerar que o que se passa com os subcontratados do mundo inteiro não diz respeito à Nike, a partir do momento em que a empresa decidiu ficar sem fábricas.

A Nestlé, no anos 80, já tinha sofrido esse ataque. A sua marca (o ninho) é uma marca maternal, amável, calorosa. Mas a empresa Nestlé parecia ser movida por uma lógica fria e cínica quando se desinteressou em saber se a água utilizada com o leite em pó da Nestlé era imprópria para consumo em todos os países do Terceiro Mundo, ou seja, onde precisamente residia o mercado desse leite em pó.

À sua maneira, a Danone passou pelo mesmo processo. De fato, a marca também pretende ser calorosa, amável, afetuosa e preocupada com a saúde de nossos anjinhos. Como explicar, porém, aos empregados da empresa que essa missão seria mais bem cumprida quando seus pais perdessem seus empregos, no momento em que a empresa ganhava dinheiro? É simplesmente impossível. Aliás, é por isso que Frank Riboud, presidente da empresa, preferiu se calar e deixar a tempestade passar. Outros, como o jovem Édouard Michelin, foram atacados sem sucesso alguns anos antes.

O desemprego da classe operária é e continua sendo um drama. Se nos EUA as demissões em massa da IBM em 1993 permitiram à Dell existir e desenvolver-se, pois encontrou uma mão-de-obra de qualidade excepcional, o mesmo não aconteceria com os operários da Lu ou da Moulinex. Dentro dos setores em crescimento e com alto valor agregado, os licenciamentos criam uma mobilidade e favorecem o surgimento de novas empresas. Mas não seria o caso em Alençon [onde a Moulinex fechou uma fábrica].

Naomi Klein é adepta do *slogan* "for us, by us", "*US*" com o duplo sentido de "nós" e de "USA". Porém, é evidente que essa imposição à produção local somente pode envolver países com forte mercado interno, um continente em si. A produção local cria uma alta dos custos sem complemento de qualidade, que diminui então a capacidade das empresas de gerar uma mais-valia suficiente para financiar a construção de um imaterial forte, em condições de criar o desejo dos consumidores, apesar do preço que sobe. Esse imaterial é a marca. Aí se faz a inevitável ligação entre a desmaterialização das empresas e o crescimento concomitante do imaterial no valor agregado. Para financiar a publicidade (Tiger Woods e Michael Jordan), é necessário ampliar as margens, diminuir os custos de produção. Ao se deslocalizar, até mesmo ao abandonar toda produção, a empresa permite à sua marca crescer no mundo inteiro, por meio do imaterial.

Portanto, Naomi Klein basicamente se insere em uma corrente antiimaterial. É seu direito. Mas a história é, até o momento, orientada de forma diferente. Nos países ocidentais, nos mercados saturados, agora é o imaterial que move o consumo. O que leva a renovar as compras é mais o *design* do produto, o conceito que o anima, a mudança das formas e linhas e a marca, e menos a sua qualidade.

Ademais, parece que Naomi Klein esquece que as marcas só vivem por meio da inovação (cf. parte 1, cap. 3). Sempre há uma porção material na inovação. As marcas mundiais evidentemente são muito simbólicas[2], mas elas também são, com freqüência, o *top* de linha dos mercados. Perfeccionistas, ansiosas para reinar sem restrições em seus domínios de soberania, as grandes marcas mundiais se lançaram em uma corrida sem fim: a da inovação. Ora, esta é apenas conceitual.

Além disso, os assalariados demitidos pela Moulinex simbolizam os limites do modelo "for us, by us" para as indústrias com baixo valor agregado. A Moulinex faliu porque a empresa paradoxalmente preservou por tempo demais as suas fábricas. Manter o emprego garantido era uma das exigências sociais desse gênio criador que foi Jean Mantelet, mesmo quando a concorrência produzia na Ásia. Quando o mercado russo retornou em 1998/1999, o efeito de corte foi inevitável. Com custos de produção dema-

---

[2] BECKER, C. *Du Coca dans mon Ricard.* Paris: Éditions d'Organisation, 2002.

siadamente elevados, a empresa se perdeu. No entanto, a Moulinex continua sendo uma marca internacional, conhecida em centenas de países e, desse modo, mais forte que a de seu comprador, o Grupo Industrial Seb.

Queira ou não, em nosso mundo aberto, a deslocalização das atividades de baixo valor agregado para o Terceiro Mundo é a regra – e também uma oportunidade para esse Terceiro Mundo. Foi assim que a Ilha Maurício herdou, a partir de 1970, fábricas têxteis de grandes marcas francesas, deslocalizando-as por conta própria para Madagascar. A ilha cresceu e, graças à sua população multilíngue, hoje é o lugar da deslocalização de serviços como *call centers* e outras ferramentas européias de CRM (*Customer Relationship Management* – Gestão do Relacionamento com o Cliente). De fato, as telecomunicações não conhecem distâncias. A própria indústria farmacêutica vai se segmentar. O Ocidente conservará a produção dos remédios de ponta e países como a Índia serão os grandes centros de produção de todos os genéricos. Finalmente, os eventos de 11 de setembro nos lembraram que agora é proibido se desinteressar por um foco de pobreza onde quer que seja no mundo. Senão, voltará para nós como um foco de terrorismo em um momento ou outro.

Quais conseqüências devem ser extraídas desta análise?

- A distinção entre marca e empresa, se for necessária em nível gerencial, é bem mais porosa ao nível do público. A marca é, a seu ver, feita de um acúmulo de impressões colhidas, de onde vêm: por isso, a crítica à empresa prejudica a reputação global.
- A tendência ao boicote é, por agora, mais fraca nos países do Hemisfério Sul do que no Norte. Mas as mentalidades do Hemisfério Norte nos influenciam cada vez mais. Isso fica evidente com o aumento dos fundos éticos, da governança corporativa, dos balanços e indicadores sociais, do desenvolvimento duradouro.
- Quando a empresa toma o nome de sua marca, para tirar partido das sinergias, ela se expõe, em troca, de maneira muito grande. Tudo tem um preço. Carregar os valores de sua marca de mídia, o seu *front office*, é comprometer-se a respeitá-los em *back office* também. O diretor da comunicação corporativa também é responsável pela marca.

2

As últimas mutações de marcas

A marca Virgin assina, ao mesmo tempo, um negócio de refrigerante, um tráfego aéreo sobre o Atlântico Norte, serviços bancários, vestidos de noiva, *megastores* de música e multimídia! Este exemplo ilustra a profunda revolução que as marcas vivem hoje. Em via de desmaterialização total (por isso a crítica de Naomi Klein em seu livro *Sem Logo*[1], examinado anteriormente), elas não passam, a exemplo das cédulas emitidas pelos bancos, de símbolos fiduciários e por isso desfrutam de um potencial de circulação e fluidez que nunca haviam conhecido antes.

O SURGIMENTO DE MARCAS SEM PRODUÇÃO[2]

Do produto à marca. Para um jurista, a marca nasce a partir do momento em que há registro legal. Porém, do ponto de vista econômico, a marca precisa de tempo para adquirir eventualmente um valor tão alto que os compradores aceitem sem hesitar em pagar mais pelos produtos que levam o seu nome. Antes de fazer sucesso, a Kodak era o nome de uma simples caixinha preta que servia para tirar fotos; a Virgin, o nome de um selo independente de música *pop* e de um comércio de discos por correspondência; ao passo que Nike e Adidas designavam calçados esportivos denominados, respectivamente, por Phil Knight e Adolphe Dassler, proprietários das empresas correspondentes. Em outras palavras, a marca é o nome de um produto novo bem-sucedido – evidentemente, a maioria dos produtos novos fracassa em encontrar o

---

[1] KLEIN, N. *No Logo*, op. cit.
[2] Conforme o nosso artigo "Suisse: Nike ne fabrique rien, Nike vend Nike c'est tout!" em *Le Temps Stratégique*, outono de 2001.

mercado que lhes permita enxugar seus custos de desenvolvimento e tirar um lucro.

No início de sua vida, a marca é pouco conhecida, não tem imagem, não influencia os compradores, ou então influencia de forma completamente marginal se o seu nome "soar" bem. Nesse estágio, o produto apenas deve demonstrar a sua superioridade e atrair os testemunhos de milhares de usuários satisfeitos. É assim que, no início, a Nike não passava de um nome bizarro, que designava tênis revolucionários já usados por alguns grandes atletas americanos. Esse primeiro produto revelou-se fundador para a empresa. Ele lhe permitiu, de fato, ganhar muito dinheiro, crescer desenvolvendo outros produtos, ter acesso à publicidade das mídias e, portanto, à notoriedade. Enfim, o produto moldou uma representação duradoura do nome Nike.

O primeiro produto de uma marca desempenha um papel essencial. Como lembra a psicologia da percepção, a primeira materialização de um conceito fixa o seu sentido – já não dizia a sabedoria popular "a primeira impressão é a que fica"? Os especialistas chamam esse primeiro produto de "protótipo" da marca, seu "produto precursor", aquele que vai basear a representação que as pessoas imaginam dela.

À medida que a empresa cresce, que a sua distribuição se desenvolve, que a sua capacidade de investir nas mídias publicitárias de massa se afirma, a marca adquire não apenas uma notoriedade ampliada, mas uma imagem, isto é, um conjunto de associações mentais. No começo, a imagem da marca lembra somente as vantagens materiais que o seu nome garante. Porém, com o tempo, ela acaba por evocar valores imateriais: a qual classe de consumidores está associada, a qual estilo de vida, a qual universo imaginário, a quais valores. Atualmente, a Nike não designa simplesmente um tênis de qualidade superior, mas lembra também os EUA, o mundo dos atletas, a auto-superação, o esforço, o individualismo, a potência. Agora, ela carrega valores autônomos.

É por isso que o empreendedor que escolhe uma marca puramente descritiva para designar um produto novo comete um grave erro. Ele irá se encontrar enormemente desfalcado no dia em que quiser fazer a sua marca decolar do real para impulsioná-la para dentro do registro do imaginário. Assim, é melhor denominar um refrigerante de laranja como Fanta ou Tango e não como Orangina. Na Grã-Bretanha, todos sabem que Tango é um refrigerante de laranja, mas o seu nome exótico, dançante, latino, lhe dá uma personalidade original, que Orangina não tem espontaneamente. E é melhor chamar computadores de Apple do que de California Computers, como todo engenheiro de computação da costa oeste dos Estados Unidos teria logicamente denominado. A Apple é uma marca que permite comunicar uma diferença sobre um outro registro além do físico, do material, vantagens associadas ao próprio produto. Nunca se deve esquecer que a função de uma marca não é descrever um produto, mas distingui-lo dos outros produtos.

Em seu ciclo de vida, as marcas passam, portanto, do material ao imaterial, do tangível ao intangível. Aliás, essa é a razão pela qual, no balanço de suas empresas, os contadores inscrevem as marcas compradas com a rubrica "ativo imaterial ou intangível".

A marca é mesmo um valor agregado: ela revela o invisível, o impalpável, que se escondem sob os valores materiais – o símbolo VW incrustado no capô de um carro que se deseja comprar diz que ele é seguramente sólido – e qualifica socialmente o comprador – a sigla BMW diz dele que é audacioso, que teve sucesso, assim como a marca Chanel fixada em uma bolsa ou em um acessório diz que a mulher que a carrega faz parte do estreito círculo de mulheres elegantes e de bom-gosto. São valores agregados pelos quais o comprador está disposto a pagar. Razão pela qual, aliás, às vezes se avalia o valor financeiro de uma marca medindo-se a diferença de preço que o consumidor está disposto a pagar para adquirir o produto de marca, mais do que um produto idêntico, mas sem marca, ou de uma marca desconhecida.

Da marca ao contrato. Uma marca só existe realmente quando uma importante parcela do público associa o seu nome a satisfações **garantidas**. As pessoas não suportam a incerteza, ou então a possibilidade eventual, como quando jogam em cassinos. O poder das marcas se deve a essa aversão dos clientes ao incerto. A marca não lhes promete necessariamente o melhor, mas ela lhes promete o certo. A IBM nunca fabricou os melhores computadores, nem a Intel os melhores *chips* ou os melhores processadores. Em contrapartida, os serviços que prometem são certos.

Com o passar do tempo, com os esforços da P&D (pesquisa e desenvolvimento), da produção, da logística, da distribuição, a marca acaba adquirindo o seu verdadeiro mérito: a confiança do público. Reconhecida por todos como responsável pelos benefícios materiais e imateriais, ela é um contrato. Não um contrato jurídico, mas econômico. Nada está escrito, mas todos se comprometem: o consumidor, a pagar mais e a permanecer fiel; a empresa, a respeitar a todo momento e em todos os lugares os seus compromissos de qualidade; finalmente, a marca, a proteger a reputação de seus signos.

Infelizmente, os proprietários de marcas nem sempre conhecem o contrato real implícito que os associa a seus clientes e fornecedores. Ora, esse conhecimento é essencial se quiserem aproveitar a revolução das marcas, para fazer dela um centro de valores e, portanto, de lucros.

Quando a marca antecede o produto. No início dos anos 90, a TF1 lançou o Ushuaia, um programa apresentado por Nicolas Hulot. O jovem e intrépido explorador levava o telespectador de ultraleve por cima das corredeiras do rio Zambeze e de *jet ski* no delta do rio Mekong. O Ushuaia rapidamente fez um grande sucesso e, sendo mensal no início, o programa transformou-se no compromisso quinzenal de milhões de telespectadores, jovens e idosos. Ponto de encontro de um público ávido por natureza, distração, autenticidade e naturalidade moderna oposta a uma visão de "terror profundo" e "retorno à terra", Ushuaia, marca carregada de valores, tornou-se uma fonte potencial de lucros.

Por esse motivo, a TF1 tentou procurar ativamente empresas eventualmente interessadas pela concessão desse nome – ou *royalties*. Ora, no mesmo momento, o Grupo L'Oréal procurava penetrar no mercado de produtos como sabonete líquido, banho e desodorante, na época amplamente dominado pela Unilever e pela Henkel. Na grande distribuição, cada ponto de participação de mercado é muito oneroso e o fato de chegar tarde é um verdadeiro desfalque. A L'Oréal viu, portanto, no nome Ushuaia uma marca dotada de uma notoriedade nacional e de uma imagem forte que iria permitir-lhe fazer aos compradores uma promessa diferente das promessas de seus concorrentes. A L'Oréal adquiriu a licença do nome Ushuaia para a categoria higiene-beleza, contra *royalties* elevando-se provavelmente a 10% do volume de negócios bruto realizado.

Restava, no entanto, encontrar produtos que correspondessem à marca, cujos direitos haviam acabado de assegurar. O *marketing* da L'Oréal pediu, pois, aos laboratórios do Grupo para elaborar produtos de acordo com o contrato implícito que a marca Ushuaia carregava consigo, que oferecessem igualmente uma boa rentabilidade à empresa, aos seus acionistas e aos seus revendedores.

Esse exemplo ilustra bem a revolução das marcas: o ciclo habitual, em que a marca nasce de um produto, pode ser substituído por um novo ciclo, em que a marca antecede o produto – processo que tende a se impor atualmente nas empresas que tentam crescer em mercados já maduros. É assim, por exemplo, que a Virgin, marca mundial associada à juventude, à impertinência, ao não-conformismo, à liberdade, está em permanente busca por mercados em que poderia tirar melhor proveito de sua imagem. Para tanto, ela se pergunta: em quais mercados a juventude, a impertinência, o não-conformismo, a liberdade fazem mais sentido, têm mais importância? Evidentemente que são os mercados cartelizados ou os mercados submetidos à falsa concorrência de um duopólio, em que o estraga-prazeres, determinado a romper a aliança tácita e a rotina diária e a oferecer serviços e produtos novos por preços competitivos e liberadores, encontrará necessariamente um lugar rentável. Concretamente? O mercado do refrigerante de cola, dominado pela Coca-Cola e pela Pepsi-Cola, o do refrigerante de laranja, dominado pela Fanta e pela Orangina, o da vodca, o do tráfego aéreo sobre o Atlântico Norte e, na Grã-Bretanha, o mercado do crédito, onde os bancos tradicionais perderam credibilidade ao praticar juros exorbitantes. A lista não está completa – está longe disso.

Administradores tradicionais certamente julgariam que é insensato montar assim um grupo, explorando uma companhia aérea, refrigerantes, bebidas alcoólicas, um banco e agora uma linha férrea no subúrbio de Londres, sem esquecer as *megastores* e um selo musical, pois, como eles se indignariam, onde estão as sinergias? Ora, a lógica de Richard Branson, que personifica a Virgin, é completamente diferente. Para ele, cada uma dessas operações citadas é uma empresa autônoma e a única sinergia que une essas empresas é o nome Virgin e a maneira com a qual, em seus mercados, respeitam o contrato implícito dessa marca.

Administradores tradicionais também julgariam que falta legitimidade e *savoir-faire* ao Grupo Virgin. A isso, Richard Branson responderia que basta, para montar um negócio bancário, demitir o melhor banqueiro de Londres e dar-lhe esse ativo único que é o nome Virgin, com a confiança popular que está associada a ele. Na lógica de alianças que hoje prevalece cada vez mais, o *savoir-faire* ainda é encontrado. Nicolas Hayek foi buscar na Mercedes o *savoir-faire* para construir o automóvel – o Smart – destinado a representar o conceito Swatch. Na França, a Virgin Sodas se aliou à Teisseire, a nº 1 do xarope de frutas, para aproveitar a sua força de vendas e seu conhecimento da distribuição.

Pode-se notar, por alto, que os valores representados pela Virgin já estavam todos contidos nos primeiros produtos e nos primeiros comportamentos da marca: a Virgin Records era um selo independente e a Virgin Music, uma companhia que vendia discos de um outro jeito – por correspondência. É por isso que as empresas que se perguntam a respeito de sua identidade fariam melhor ao começar procurando nelas mesmas as chaves de sua missão nos mercados – remontando especialmente a seus produtos fundadores, seus protótipos – antes e perguntar desesperadamente aos consumidores...

A potência por meio da extensão. Os casos mencionados anteriormente são exemplos claros de marcas célebres. Entretanto, o processo, que ilustra a "extensão de marca" (ou *brand stretching*, em inglês) necessária a toda marca confrontada com um déficit de crescimento em seu mercado histórico não está limitado a um pequeno círculo de nomes fora do comum. A marca, estendendo-se para além de seu produto fundador, revela efetivamente a sua verdadeira natureza, seus valores e adquire uma nova dimensão: deixa de ser nome de um monoproduto para tornar-se uma marca ampla.

O fenômeno de extensão de marca não é novo; o que é novo, em contrapartida, é a sua generalização. Historicamente, a maioria das marcas de luxo "traziam" desde a origem vários produtos; no início, a Boucheron, por exemplo, era somente joalheria. E atualmente todas as marcas portadoras de valores imateriais também são "extensíveis".

A extensão é, com certeza, mais fácil para os produtos em que a primeira razão de compra é imaterial e, a importância do estilo, pronunciada: produtos de moda, perfumes, cosméticos. Seria, contudo, um erro acreditar que apenas essas categorias de produtos *high touch* são "extensíveis". A Peugeot revelou-se uma marca "extensível" desde os seus primeiros anos e cada um dos irmãos Peugeot utilizava o seu nome para desenvolver uma atividade separada: ferramentas domésticas, automóveis, bicicletas, *scooters*, material de bricolagem, etc. A Bic passou da caneta esferográfica ao isqueiro descartável (segmento que ela criou), depois ao barbeador descartável (também um segmento criado por ela), desenvolvendo assim seus mercados e aumentando a sua notoriedade mundial. Todavia, a Bic fracassou quando quis "estender" a sua marca a um perfume "informal e sem glamour, puro aroma". Esse fracasso lembra que toda marca é um contrato e que esse contrato pode vingar em alguns mercados e, em outros, não. O perfume fora das normas talvez estivesse no contrato da Bic, mas a demanda não existia; para a mulher, um perfume é mais do que um produto. A Bic tentou. A verdade é que não se pode criar mercados sem correr o risco de descobrir que aqui ou ali... não existe mercado.

Marcas sem produção. Em sua versão principal, a gestão de marca não necessita de produção. Qual é o negócio da Nike? Fazer o valor da marca Nike crescer. Como? Aumentando o ritmo de renovação de seus produtos, estimulando a criatividade de seus publicitários, seduzindo as estrelas do esporte mundial. Para tanto, a Nike, que havia começado no atletismo, encontrou-se, durante a última Copa do Mundo de futebol, disputando com a Adidas a sua legitimidade, até mesmo a sua supremacia no futebol. Nesse meio tempo, entrou no golfe patrocinando Tiger Woods, o Mozart mundial desse esporte. Futuramente, a Nike tentará sem dúvida impor-se na vela, no esqui, etc.

Ora, a Nike não fabrica mais nada. Ao reivindicar o *status* de empresa sem fábricas, concebe, estimula, controla, distribui, comunica, mas não produz mais. Deixa para o Terceiro Mundo a preocupação de fabricar e guarda a produção do imaterial nos EUA (o *marketing*, o *design*).

Em suma, a Nike vende a Nike, e só. Para fazê-lo, ela se inspirou simplesmente na Lacoste, outra marca de gênio, nascida em 1933 nas quadras de Wimbledon e Roland Garros, que nunca fabricou as suas célebres camisas nem nenhum de seus produtos. Para penetrar em outros esportes mais em voga, como o golfe ou a vela, e "estender" a sua marca ao calçado, ao perfume, ao *prêt-à-porter*, aos óculos e artigos de couro, a Lacoste sempre preferiu contar com a fiel aliança de talentosos empreendedores industriais externos[3].

Como marca mundial, a Lacoste concentrou-se, assim, no essencial: a manutenção de sua autenticidade e de sua ética, valores hoje perenizados por uma administração familiar discreta, mas eficaz. A Lacoste cresceu com as licenças de sua marca. Os detentores dessas licenças se comprometem formalmente a respeitar o contrato de confiança que liga a marca aos seus compradores. O valor a longo prazo das marcas reside inteiramente nesse contrato implícito.

OS OBSTÁCULOS ÀS MUDANÇAS

O melhor negócio do ano 2001 foi, sem dúvida nenhuma, realizado pelo Grupo Seb. Esse grupo multimarcas pôde comprar a um preço totalmente competitivo a grande marca mundial de seu setor, sua concorrente há muito tempo, uma marca cuja implantação internacional e a imagem ultrapassavam todas as marcas do Grupo Seb até então. Além disso, a Seb estava comprando a Moulinex sem ter de se submeter às razões que levaram a empresa à concordata. Este caso é um exemplo de múltiplas considerações.

O anúncio da crise da Moulinex voltou a desencadear as manifestações na mídia. Cada um relatava o seu comentário emocional – e radical. É típico que nada do que dizia respeito à Moulinex deixava o nosso país [a França] indiferente. É uma marca "propriedade nacional", que democratizou o progresso na cozinha por meio de seus multiprocessadores engenhosos e baratos. Mais ainda, é uma marca que simboliza a

---

[3] KAPFERER, P. & GASTON-BRETON, T. *La légende Lacoste*. Paris: Le Cherche Midi Éditeur, 2002.

modernidade e que marcou o nosso tempo. Isso explica a comoção que suscitou.

No entanto, seria um erro deter-se nessa visão francesa da Moulinex. Poucas pessoas sabem (com exceção da Seb), mas a imagem da marca é bem diferente dentro do país e no exterior. A marca havia evoluído bastante e havia se lançado na competição mundial com sucesso. A sua ambição era realizar 40% de seus negócios fora da Europa. Ela estava consolidada em 135 países e já existiam mais de 40 escritórios e filiais pelo mundo todo. Quanto aos resultados, o Grupo Moulinex era líder mundial em processadores, batedeiras, cafeteiras e máquinas de café expresso. Era a nº 1 européia em fornos e tostadores.

A Moulinex foi, de uma certa maneira, a anti-Nike: a empresa tentou manter o emprego na Normandia, onde era a principal empregadora, a qualquer custo. Foi "encorajada", para não dizer mais, pelos poderes públicos de todas as ordens. A Seb não terá esse problema.

Porém, a Moulinex é uma anti-Nike de uma outra forma. Como se viu anteriormente, a Nike, marca agora sem fábricas, é alvo de uma crítica externa, da qual o livro *Sem Logo*[4] é porta-voz, referente à responsabilidade da empresa nas fábricas dos subcontratados que não quer mais ver. O que impediu a Moulinex, pelo contrário, foi a censura interna, dentro da empresa.

Finalmente, a Moulinex ilustra a delicada mutação das marcas emblemáticas, associadas a uma epopéia, a uma época de forma bastante emocional.

A marca como refém de sua nação. Sabe-se que dois acontecimentos mundiais precipitaram a queda da empresa, apesar da reputação de sua marca, sua imagem intacta em mais de 130 países do mundo inteiro. Em 1998, a reviravolta sofrida pelo mercado russo causou a perda de mais de 120 milhões de euros (800 milhões de francos) em volumes de negócios e, sobretudo, aproximadamente 50 milhões de euros (350 milhões de francos) de diminuição do resultado operacional. De fato, as operações na Rússia eram muito rentáveis e a organização comercial local da Moulinex se limitava a um simples escritório em Moscou. Na mesma ocasião, a moeda do Brasil perdeu 30% de seu valor. Ora, a Moulinex acabava de comprar a jóia local, a marca Mallory, paga infelizmente em dólares.

Esses dois fatores foram redibitórios. Com efeito, diferente da Seb, que praticou o *out-sourcing* muito cedo, a Moulinex seguia há muito tempo o louvável desejo de seu criador Jean Mantelet: manter o emprego, localmente, na Normandia. Quando a empresa foi retomada pela equipe de P.

[4] KLEIN, N. *No Logo*, op. cit.

Blayau e A. Grimmhecker, a questão foi, aliás, imediatamente levantada de um começo de *out-sourcing*. No entanto, as pressões políticas rapidamente tiveram razão sobre essa utopia. Não eram o principal empregador irrestrito da Normandia. Portanto, estruturalmente, o ponto de nivelamento estava alto. Evidentemente, a fabricação da Krups pôde ser transformada em *out-sourcing*, já que a empresa não dominava muito as tecnologias do vidro e do inox. Mas nunca se deixou a Moulinex fazer como a Seb. Além disso, a empresa Seb dispõe, com a sua famosa panela de pressão, de uma verdadeira "vaca leiteira", no sentido da análise dos fluxos financeiros dentro do portfólio de produtos. Trata-se de um produto fora das normas locais e, portanto, normatizado *de facto* para o mundo inteiro, o protótipo do produto globalizável. Ao contrário das cafeteiras ou dos processadores, que devem integrar especificidades de usos locais, como, por exemplo, plugues diferentes conforme os países. Isso pesa naturalmente, assim, nos preços de custo.

Conhecendo esses obstáculos, a nova equipe de direção havia obtido dos sindicatos um acordo assinado em 1997 visando a baixar o ponto de nivelamento para aproximadamente 7 bilhões, dizem. Teria sido necessário assinar novamente um outro acordo a partir de 1998 para reagir imediatamente às crises russa e brasileira e fazer o ponto de nivelamento baixar mais uma vez. Entretanto, o clima não era de renegociação.

Devemos lembrar que a marca é uma idéia forte apoiada em uma equação econômica favorável. A Moulinex tinha as idéias, as pessoas de qualidade e a estratégia. Mas não a deixaram estabelecer a equação econômica adaptada à concorrência global de hoje.

O impossível reposicionamento interno. Quando as margens são pequenas, existem somente duas soluções: elevar novamente as margens por produto, criando produtos com maior valor agregado, ou estender rapidamente o volume. A direção geral havia percebido há muito tempo que a Moulinex devia remontar a sua linha. Precisaria reposicionar a Krups no mercado *premium* e, desse modo, elevar a Moulinex. Na urgência da crise, preferiu-se a solução rápida da corrida ao volume em pequenos produtos, certamente remuneradores em porcentagem, mas pouco em valor absoluto. Ora, para cobrir as perdas, seriam precisos francos, não porcentagens. Além disso, essa extensão para os pequenos produtos vendidos por preços baixos não criava mais imagem, mas o contrário.

O que impediu a evolução do posicionamento da marca foi uma censura interna, de múltiplas fontes:

- vendedores que não paravam de pedir uma cafeteira por 21,3 euros. Ora, quando se conhece o preço intrinsecamente baixo da categoria em seu conjunto, pode-se perguntar qual interesse estratégico havia ainda em oferecer produtos de linha básica em uma categoria que por si só já é tão barata. Além disso, por esse preço, além do fato de que se deixa de ganhar dinheiro, passa a não mais existir a criação de sonho e magia, que foi, por muitas décadas, privilégio da marca. Ademais, basicamente, precisa-se de uma marca que venda a esse preço? Não seria o terreno das importações chinesas sem marca? Precisa-se mesmo de vendedores?

- internamente, muitas opiniões criticavam a transgressão da herança de J. Mantelet: a Moulinex devia permanecer popular, portanto barata, sinal da intenção resguardada de continuar sendo a grande marca que popularizou o progresso nos anos 60[5]. No entanto, se essa vocação for realizada agora pelas importações do Sudeste Asiático, será preciso reinventá-la. A força da marca hoje deve servir para valorizar o mercado, induzir os clientes a inovações com maior valor agregado. Era também o que a distribuição esperava. Em mercados tão legítimos para a Moulinex como o dos processadores, a marca poderia assinar produtos de até 1.500 francos, com altos valores agregados. Interrogados, os compradores do Carrefour os teriam identificado de imediato. Isso não é próprio da Moulinex.

- dizer que se vai criar produtos com valor agregado é uma coisa; fazê-lo, é outra. Na profunda cultura industrial que a empresa tinha, se fabricava aquilo que se sabia fabricar. A P&D era mais uma pesquisa básica do que aplicada. Resumindo, o cliente não era rei, a fábrica era. O fato de preservar todas as fábricas foi, portanto, uma armadilha dupla, simultaneamente em custos, mas também em manutenção da cultura industrial dominante, em detrimento de uma cultura de cliente. Essa cultura estava bem menos presente na Seb, como em todas as empresas adeptas do *out-sourcing*.

As marcas emblemáticas podem durar? O maior desafio que as marcas emblemáticas devem encarar é o da duração de sua renovação. Mais do que qualquer outra marca, elas devem se reconsiderar, tamanha a tentação em acreditar em uma indefectível história de amor entre elas e o seu público. *A fortiori*, quando são uma jóia nacional, produto de sua história, e acompanharam a sociedade e suas mutações.

A maior parte das marcas não passa de marcas comerciais, *trade marks*, para retomar a terminologia inglesa. Algumas se tornam marcas de con-

---

[5] GASTON-BRETON, T. & DEFEVER-KAPFERER, P. *La Magie Moulinex*. Paris: Le Cherche-Midi Éditeur, 1999.

fiança (ou *trust marks*). Uma minoria, finalmente, torna-se uma marca emblemática de uma época, de uma cultura ou de uma geração. Aliás, agora as gerações são qualificadas por suas marcas, falando-se em "Yop Generation" ou "geração Clan Campbell", e dizem que a Absolut Vodka é a marca *cult* dos meios artísticos. Enfim, dizem que raras marcas como a Moulinex ou a Dim marcaram a sua época e, por isso, se tornaram quase instituições, símbolos de seu tempo.

De fato, algumas marcas não só acompanharam a mutação de uma sociedade como parecem ter sido o seu arauto, senão o herói, através da visibilidade que a comunicação publicitária lhes dá. Esta estende efetivamente diante do mercado de consumo não apenas os produtos e modelos da marca, mas o novo modelo social ao qual se referem explicitamente, fórmula que rompe com os modelos sociais dominantes.

É por isso que a assinatura publicitária das marcas *cult* é mais direcionada para a nova relação que a marca instaura com o público do que para o produto. O exemplo mais típico é o da Moulinex.

Essa genial invenção de Jean Mantelet entrou para a História e faz parte das marcas emblemáticas do séc. XX. Seu *slogan* histórico é: "Moulinex libère la femme" (A Moulinex liberta a mulher). De fato, libertar é uma proposta relacional forte. Não se trata aqui de se gabar da notável engenhosidade dos produtos, mas de situar a missão da marca no campo dos combates sociais; neste caso, o da lenta aquisição dos direitos iguais entre homens e mulheres: economia de tempo, capacidade de exercer uma verdadeira profissão, respeito, tratamento semelhante no plano dos direitos e remunerações...

Ao se concentrar no tempo passado na cozinha, símbolo da visão tradicional que confina as mulheres ao seu papel de mães de família, a Moulinex trazia a sua contribuição para um processo de conquista da liberdade e o declarava. Mesmo que a Seb possa se orgulhar de produtos com a mesma função prática, a Seb não é uma marca emblemática, mas uma marca de confiança. Falta-lhe a dimensão social da promoção de valores que vai além dos atributos funcionais de sua célebre panela de pressão.

Outras marcas podem, assim, ser consideradas emblemáticas: Dim, Benetton, Levi's, Bic, Lacoste, Ricard, Vache Qui Rit, Carrefour, etc.

A marca emblemática é refém de seu passado glorioso. O tempo usa todos os organismos vivos e usa, portanto, as marcas. De fato, com o tempo, surgem gerações para quem os combates do passado são conhecimentos adquiridos, quase "obviedades".

As próprias gerações do passado não se sentem mais envolvidas da mesma forma: elas completaram as etapas e os *slogans* do passado; se evocam a nostalgia ou a emoção, não encontram mais grande repercussão. Perderam a sua pertinência.

As mulheres se sentem libertadas no Ocidente moderno. Evidentemente, a igualdade ainda tem chão pela frente, mas agora é um combate político. Da mesma forma, os *slogans* que expressam missões em grande parte realizadas trazem uma obsolescência programada. Claramente, um *slogan* como "Moulinex liberta a mulher" está fora de moda e levanta o problema do novo fôlego das marcas emblemáticas. Isso está evidente na recente crise de marcas mundiais, como a Levi's, que não soube se adaptar à fragmentação dos gostos, confinando-se em sua 501.

As marcas emblemáticas têm uma dificuldade particular para confrontar: parecem reféns de seu passado. Tamanha é a memória coletiva, a lembrança associativa de uma época e de uma marca, que toda distância em relação à História imediatamente é não só examinada, mas mais freqüentemente vilipendiada pelas críticas externas. Mesmo internamente, ainda com as equipes do passado, a dificuldade da renovação total não aparece com urgência e, principalmente, a tarefa de ter de se renovar a si mesmo parece insuperável. É por isso que, para continuar sendo emblemáticas no próximo século, as marcas do século passado devem primeiro mudar profundamente as equipes, a exemplo de todas as marcas de luxo francesas que renovaram os seus criadores, procurando na Itália ou em Londres os novos talentos e visões.

A própria Moulinex é administrada por uma nova equipe entusiasmada, sob a direção de P. Blayau e A. Grimmhecker. Mudar a administração, sim, mas em qual direção?

Reinventar a marca preservando a sua identidade. De acordo com o dito, é preciso mudar para continuar sendo o mesmo. Vejamos Madonna. Essa estrela muda regularmente de estilo, passando da subversão provocante à emoção de *Evita*. Apesar dessas mudanças, continua sendo a estrela que, a cada dia, longe de imitar, supreende, inova, vai até onde não se espera. Ela continua, no entanto, sendo a mesma, inspirada.

O trabalho sobre o futuro não é feito por meio de um retrovisor. É um erro querer simplesmente adaptar as missões do passado aos tempos futuros. Por exemplo, deve-se ainda fazer da Citroën a marca da inovação puramente tecnológica, lembrando daquilo que foi nos anos 60, no tempo do mítico DS? Desde então, tudo mudou: os clientes, a concorrência e os fabricantes de autopeças, onde agora reside a P&D. O problema é recriar valor. Não se deve, portanto, hesitar em explorar novos combates, isto é, neste caso, novas categorias, novas necessidades, em que residem as verdadeiras problemáticas das famílias do futuro. Isso se evidencia, por exemplo, nos futuros combates anunciados da Moulinex: a focalização da marca se deslocaria nos dois bens mais essenciais de nossa vida: a água e o ar. Por sua credibilidade, seu *savoir-faire*, a marca trouxe o seu toque único e exclusivo à resolução dos verdadeiros problemas do futuro. É claro que não se trata mais unicamente dos processadores de cozinha, mas a pertinência está no preço. Os valores que fizeram o sucesso da Moulinex estarão sempre presentes: a modernidade, a fusão do estilo e da função, a inovação, o *design* e a qualidade, sem esquecer dessa excepcional relação qualidade/preço. Seria tratando desses novos territórios que a marca permaneceria fiel às suas origens.

Isso explica a importância estratégica da extensão de marca nesse processo: a extensão deve respeitar os valores e, ao mesmo tempo, permitir à marca expandir-se ainda mais, além de seus limites habituais. É por meio dos produtos inesperados que a marca prova a sua pertinência duradoura.

A Seb manterá esse rumo para a marca que agora é a jóia de seu portfólio de marcas? No exterior, a Moulinex continua sendo a porta-estandarte de uma arte de viver à francesa: a marca é auxiliada pelo desenvolvimento das marcas de referência francesas da grande distribuição, de Taiwan ao Brasil. É uma oportunidade de crescimento única. Ainda é preciso saber lidar com ela.

SABER EXTINGUIR AS SUAS MARCAS

A hora é da grande limpeza das marcas. Regularmente, às vezes com muito efeito de mídia, as empresas anunciam que estão se separando de suas marcas. Por exemplo, na primavera de 2000, a Unilever lançou o plano Brand Focus: devia passar de 1.600 a 400 marcas no mundo inteiro, etapa necessária à constituição de cerca de 40 megamarcas mundiais. No fim de 2001, o processo estava sendo amplamente conduzido, pois o portfólio já teria atingido o marco das 700 marcas. É verdade que o mercado financeiro não parava de comparar os desempenhos de crescimento e de rentabilidade da Unilever com os da Procter & Gamble, da Beiersdorf ou da L'Oréal, agora adeptas exclusivas das megamarcas mundiais. Além disso, sendo a tirania das ferramentas o que é, o *Global Brand Report*, da AC Nielsen (pesquisa de notoriedade e de participação de mercado sobre as marcas mundiais), atraía a atenção dos analistas para o fato de que a Unilever tinha efetivamente menos megamarcas do que suas concorrentes.

Estar pronto para a evolução dos mercados. O desaparecimento das marcas em todos os grandes grupos muitas vezes foi interpretado como o fim das mesmas. É certamente o fim de algumas marcas, que são desativadas, como quando a Fleury Michon comprou a Olida para extinguir a marca e se tornar, assim, a grande desafiante da Herta (Grupo Nestlé). Porém, com mais freqüência, as multinacionais tiram proveito das marcas das quais se separam ao vendê-las, tanto que elas ainda possuem valor, eventualmente após uma renovação. Ou elas as revendem a grupos internacionais em melhores condições de acolhê-las, pois estão condizentes com o núcleo de seus negócios, ou propõem a um semi-segundo mercado: o das pequenas e médias empresas interessadas por marcas nichos ou locais fortes. É assim que se encontram no mercado a Pétrole Hahn, Le Petit Marseillais, Roger Cavaillès, etc. Essas marcas locais ainda possuem uma forte notoriedade assistida e um vínculo emocional com uma parte do público. Portanto, elas interessam muito às empresas de tamanho médio, muito dinâmicas, que vêem nelas suportes de crescimento prontos para o uso.

Deve-se lamentar os desaparecimentos das marcas? Talvez no altar da nostalgia e das nossas lembranças que passam, sinal da progressão do tempo. Mas não devemos esquecer que a marca é uma ferramenta de desenvolvimento de negócios. Tendo acabado o contexto dos negócios que estava presente em sua criação, a pertinência de sua manutenção deve ser exposta. As antigas somas gastas para o seu desenvolvimento, seu crescimento e seu sustento não devem servir de justificativa para uma manutenção que fosse contraprodutiva diante das novas realidades do mercado: tamanhos reduzidos devido à presença das marcas próprias, necessidade de concentrar os investimentos publicitários, orientação para arquiteturas de marcas em dois níveis (por exemplo, L'Oréal-Plénitude) que supõem uma clara identificação das poucas megamarcas possuidoras de oferta global. Ademais, essas somas investidas estavam integradas nos *paybacks* esperados e produziram as participações de mercado e os lucros previstos. A empresa não deve ficar obcecada pela manutenção de valores patrimoniais. É a otimização dos fluxos que indica a sua vitalidade.

O caso Orange. Poucos exemplos melhores do que o lançamento da Orange ilustram essa necessidade de não venerar a marca, mas situá-la em seu papel estratégico. Sabe-se que a France Telecom investia mais de 250 milhões de francos em publicidade por ano em suas marcas precursoras da telefonia móvel: a Itineris, a Ola, a Mobicarte e, por um tempo, a Loft. Entretanto, o futuro estava escrito na Orange. O valor de uma marca no plano financeiro mede a sua capacidade de gerar fluxos de caixa adicionais, em um contexto de mercado futuro. As somas gastas não são uma medida do valor de uma marca.

Qual era então esse contexto de mercado futuro? De que seria feito o telefone do futuro? Futuramente, não se dirá mais "alô". O essencial será ter acesso a conteúdos multimídias. O uso da telefonia móvel era, até então, a versão nômade do telefone fixo. A partir desse novo ponto de vista, o do fornecedor de acesso a conteúdos (música, informações, serviços), a questão de saber se compramos um celular de conta ou de cartão torna-se totalmente secundária. Ora, as marcas da France Telecom haviam sido construídas a partir de uma segmentação associada ao modo de relação (pré-pago ou não, por exemplo). Será que se podia declarar essa guinada radical e redinamizar o mercado com marcas herdadas de uma outra época e segmentação? O alvo estratégico desses novos conteúdos é a juventude. Ora, a Itineris, com a sua imagem tecnológica, nunca seduziu os jovens. Além disso, a Europa está aí e uma das maiores expectativas é a da mobilidade (*roaming*) de um país a outro. Haveria a necessidade de uma marca que já fosse global.

Enfim, com 60% de penetração, o mercado francês abordava uma segunda fase: a da fidelização para valorizar melhor o cliente, adquirido muitas vezes por meio de uma oferta de baixo preço em um circuito GMS. Para tanto, seria preciso que todas as barreiras internas e externas à circulação do cliente caíssem. Uma dessas barreiras era a política de marcas verticalizadas que fechavam o cliente em sua marca. Quem defende a circulação, defende a marca transversal. Como a Itineris era a única marca transversal do sistema, mas com uma deficiência de imagem, decidiram passar à Orange, cujo preço de compra pela France Telecom foi tal que tanto a comandava como se utilizava dela com amplitude. No dia 21 de junho de 2001, em um só dia toda a telefonia móvel da France Telecom transformou-se em Orange. Esse ato voluntário colocava em jogo os 16 milhões de clientes adquiridos. Sobretudo, visava ao mercado do futuro, o dos jovens, grandes usuários. De fato, como era de se esperar da potência da marca Orange, a penetração desse segmento cresceu vertiginosamente nas semanas que se seguiram.

Projetando-se para o futuro, não se vê, aliás, por que o raciocínio não poderia ser estendido à Wanadoo. A criação dessa marca correspondeu a uma segmentação pelo terminal. A Itineris se referia ao celular; a Wanadoo, ao PC ou Mac. Futuramente, a Internet será acessível indiferentemente pelo celular, computador ou televisão. Como manter então essa marca neste novo contexto? O futuro é exatamente a Orange.

Como se pode ver, são as condições de mercado e a estratégia que determinam a viabilidade das marcas, sua perenidade, a necessidade de mantê-las dentro da empresa ou de se separar delas. Os investimentos antigos não podem ser motivo de nostalgia ou de vínculo interno, aliás, totalmente compreensível. As marcas são alavancas de crescimento e lucratividade. Sua manutenção não é uma finalidade em si.

POR QUE HÁ TANTOS NOVOS NOMES DE EMPRESAS?

Há alguns anos, assiste-se a uma valsa de nomes nos grandes grupos e à criação de novos nomes para aquilo que agora se convencionou chamar de *corporate brand*. Foi assim que nasceram Vivendi (ex-Générale des Eaux), Vivarte (ex-Grupo André), Vinci (ex-Grupo GTM e SGS), Novartis (ex-Ciba e Sandoz), Aventis (ex-Hoechst e Rhône Poulenc), sem falar na Thalès (ex-Thomson-CSF), Arcelor (ex-Usinor, Arbed e Aceralia), etc. Paralelamente, extinguem-se também os logotipos, sinais visuais da marca.

Como se explica essa tendência? Quais são as diferentes motivações das empresas?

Mudança de nome, mudança de identidade. Nada é mais importante do que a mudança de nome. Com ela, evaporam-se todas as emoções associadas a esse nome, tanto interna como externamente. Um nome é uma força coesiva dentro de sua clientela, o signo de uma confiança construída com paciência. Cada mudança de marca é, portanto, um decréscimo de energia, uma diminuição da prestação de serviço.

Considerado o custo da reconstrução dessa energia, da força federativa da marca, são necessárias razões essenciais para mudar. A título de comparação, que tipo de evento deveria mexer com um país para que ele decidisse mudar de nome ou até de bandeira? Sabemos que é uma revolução. Foi o caso da Rússia, que virou União Soviética e trocou a águia imperial pela foice e o martelo. Em um registro similar, o da moeda, no dia 1º de janeiro de 2002, a Alemanha consentiu em abandonar o marco alemão – e a França, o franco – para se fundir em uma supra-entidade: a Europa.

Na medida em que, com o passar dos anos, um conjunto de emoções se associa progressivamente a um nome, um dos primeiros motivos da mudança pode, pois, ser que essas emoções sejam negativas. Foi o que aconteceu com a Générale des Eaux, por exemplo, cujo nome lembrava imediatamente a suspeita ligada aos boatos de atribuições duvidosas de concessões e subsídios ocultos às municipalidades. Esse deveria ser o caso da Andersen e, talvez, da Bull. O segundo motivo é a mudança de identidade das próprias empresas. Quando duas empresas se fundem, se o desejo for, como é preferível, indicar interna e externamente que não há nem vencedor nem vencido, mas justamente anunciar o nascimento de uma nova entidade, se procura então, um novo nome: é o caso da Novartis, nascida do desaparecimento conjunto da Ciba e da Sandoz, dois líderes mundiais da indústria farmacêutica. A Aventis simboliza o desaparecimento das entidades Hoechst e Rhône Poulenc. Enfim, quando o nome antigo não corresponde mais de forma alguma à estratégia ou ao portfólio de atividades, é preciso mudar esse nome. Por isso, talvez o Grupo Chargeurs devesse ter mudado de nome há muito tempo.

A multiplicação dos casos de mudança de nome de empresa se deve ao fato de que entramos na era da comunicação. A boa compreensão da atividade exata e do perímetro dos grupos por um público aumentado tem agora um peso no mercado financeiro! Tudo o que contribui para tornar nebulosas a identidade e a boa compreensão da empresa deve ser modificado. Evidentemente, é possível corrigir a percepção por meio da comunicação, das relações de imprensa ou da publicidade. Mas quando esta pára, o nome continua agindo. O Grupo GTM remetia implicitamente aos trabalhos da construção civil e obras públicas devido ao seu nome (Grands Travaux de Marseille)*, ao passo que mais da metade de seu lucro vinha de concessões e serviços.

O que pensar, então, dessa tendência dos nomes de empresas que não se referem a nenhuma atividade específica, a nenhuma nacionalidade e a nenhum passado (por exemplo, a direção da Thomson-CSF justificou a sua mudança de nome para Thalès pela vontade de "esquecer o passado") e que são um pouco parecidos (Novartis e Aventis, por exemplo)? Não existiria então um risco de perda de identidade?

Um bom nome de marca, como se sabe agora, deve possibilitar a incorporação da mudança. Quanto mais esse nome descreve uma atividade, mais modificado deverá ser se a atividade mudar (Générale des Eaux limitava mais do que Vivendi Universal e GTM mais do que Vinci). Pelo contrário, um nome puramente simbólico, que nada designa, não se revelará restringente em caso de evolução de estratégia. Além disso, ele é mais internacional do que nomes descritivos, pois o que está compreendido em uma língua não o é em outras (é o caso da Chargeurs).

Finalmente, a vantagem desses nomes criados, totalmente inventados, é que eles podem se livrar com mais facilidade de qualquer demanda judicial no mundo. Quanto à semelhança, ela provém do fato de que o número de prestadores de serviços para pesquisas de nomes é reduzido e que existem modas. Isso pôde ser constatado quando houve o frenesi das empresas "pontocom": a moda do "oo" (Yahoo, Wanadoo, Kelkoo, etc.).

*N. do T.: A expressão francesa *grands travaux* refere-se a obras de grande porte da construção civil, como estradas, aeroportos, barragens, etc.

O impacto interno. Quais conseqüências as mudanças de nomes das empresas podem trazer internamente? Perder o nome é perder o passado, suas raízes. É por isso que as mulheres modernas querem preservar seus nomes de solteiras depois do casamento. Porém, para uma empresa, mudar de nome é também enviar uma forte mensagem sobre a mudança: é virar a página para construir uma nova história, escrever uma nova página. Certamente, levará tempo para recriar emoção. Mas se a realidade da empresa mudou, isso deve se manifestar.

Para evitar qualquer desmotivação interna, a mudança de nome deve ser acompanhada de uma intensa explicação das principais razões que a conduziram, assim como do projeto mobilizador que vai formar as bases da nova entidade. O nome é apenas a ponta do *iceberg*. Como se pode constatar, a comunicação interna é tão importante quanto a comunicação externa para a vida da marca. Sob esse ponto de vista, o caso da Orange foi típico: um notável programa de adoção interna da marca foi realizado em 2001, pouco antes da transformação da Itineris em Orange.

Quem se lembra da Compagnie Générale des Eaux hoje? Quem ainda é nostálgico? O nome Vivendi significou o início de uma epopéia moderna empolgante. Não nos concentremos nos nomes, mas nas ambições, nos projetos do futuro.

O poder dos símbolos. As mudanças de símbolos também são numerosas. Na era da internacionalização, um símbolo no mundo fala mais do que um nome. O símbolo é, por si só, uma fonte de energia e uma potência que, a exemplo das bandeiras, une as comunidades. Por essa razão, a evolução gradual deveria, pois, ser a regra. Deve-se mudar maximizando a auto-semelhança.

O *design* também tem suas modas. O minimalismo é uma delas. Assim, com o passar do tempo, o símbolo da Caisse d'Épargne, o esquilo, abandonou o seu aspecto figurativo para se tornar um mero esboço muito estilizado.

AS FUSÕES DE EMPRESAS[6]

A era é das fusões de empresas. A importância da noção de massa crítica em mercados mundiais, de dominação dos mercados, de redução dos custos não criadores de valor explica isso. Pouco se sabe, mas as considera-

---

[6] Conforme um artigo de KAPFERER, J.-N. "Les marques, au coeur du débat". *Revue Française de Gestion*, nº 131, novembro-dezembro 2000.

ções associadas às marcas entram muito rapidamente na lista dos problemas importantes que devem ser resolvidos primeiro. Ao sondar a fusão, os departamentos de comunicação corporativa ou de *marketing* das empresas em questão se agitam em torno do assunto. É normal: as marcas são os ativos imateriais das empresas. Estão, portanto, naturalmente no centro da discussão – e de várias maneiras: seja ao nível das marcas do portfólio, seja ao nível da própria futura marca corporativa.

O problema do valor das marcas. Na constituição de um novo grupo, é necessário avaliar as contribuições de ativos de cada uma das empresas: a estimativa das mais-valias ligadas às marcas é, em geral, fonte de discussões, senão de negociações ou atritos. De fato, dessa estimativa dependerão os respectivos pesos de uns e de outros na futura organização. Ora, a avaliação financeira das marcas produz números muito diferentes conforme os pontos de vista, os requerentes e os métodos utilizados. Assim, o comprador e o vendedor geralmente não têm a mesma confiança no futuro ou na capacidade da marca para se internacionalizar ou cobrir novas categorias de produtos.

Existem seis grandes métodos de avaliação financeira das marcas, mas, na realidade, apenas dois deles são usados: o chamado método dos múltiplos e o método dos fluxos de caixa previsionais. O primeiro é usado pelos anglo-saxões; o segundo, pelos banqueiros e empresas de auditoria e consultoria. Estruturalmente, produzem estimativas diferentes. Dentro de um mesmo método, há uma grande sensibilidade de estimativas nos parâmetros utilizados. Na medida em que se multiplica os resultados de uma marca por um múltiplo de 15 ou 16, o valor obtido pode diferir em 40 milhões de euros. Quanto à abordagem por meio dos fluxos de caixa previsionais diretamente imputáveis à marca, uma variação de taxa de risco leva a estimativas muito diferentes. Foi pelo fato de o grupo italiano Elfi ter contestado o valor da Moulinex que o projeto de fusão entre o grupo Brandt e Moulinex quase fracassou em junho de 2000.

Além da estimativa do valor transferido, uma outra questão é levantada: como preservar esse valor, até mesmo aumentá-lo, em um processo que, pelo menos a curto prazo, subverte profundamente a empresa por dentro, quando não por fora. De fato, freqüentemente as empresas que se fundem são aquelas que até então eram concorrentes, dispunham de portfólios de marcas que eram concorrentes entre si e que, a partir de então, se tornam redundantes. A planificação é, portanto, inevitável, mesmo se for feita posteriormente. Isso se traduzirá em uma redução do número das marcas, com o risco real de perda de participações de mercado, seja por causa dos consumidores, seja por causa dos próprios revendedores.

Transformar ou não o grupo em uma marca? A fusão levanta também a problemática da futura denominação do grupo. Deve-se criar para ele um novo nome, para transformá-lo eventualmente em uma marca. De fato, dependendo se o nome do grupo deverá ou não servir de marca – em inglês, *branded house* –, a atenção sobre o problema do nome varia consideravelmente, de insignificante a importante.

Acontece que a fusão envolve companhias que dispõem de nomes conhecidos em seus portfólios, que servem de verdadeiros pólos de atração da clientela. Assim, a seguradora britânica Commercial Union ficou mais conhecida na França por suas marcas Abeille, Victoire, Afer, Eurofil, etc. O mesmo ocorria em cada país onde o grupo estava instalado.

Da mesma forma, quando a Commercial Union, muito presente na Europa, decidiu fundir-se em 1998 com a General Accident, mais presente na América, o futuro nome do grupo foi rapidamente decidido: CGU! Trata-se, na realidade, da combinação das siglas CU e GA. Voltaremos a abordar mais adiante esse tipo de decisão e os perigos das siglas. Contudo, devemos lembrar de que o fato de chamar o grupo de CGU traduzia, na verdade, a intenção estratégica de situar o valor ao nível dos pólos ou das divisões e não ao nível corporativo. Isso não é nem um pouco preocupante: na França, a PSA faz o mesmo. O valor do terceiro grupo automobilístico europeu está concentrado em suas marcas Peugeot e Citroën. A PPR também é uma sigla, pois o valor está na Pinault, Printemps e La Redoute. O mesmo acontece com a LVMH.

Voltemos à CGU. É revelador que, quando o grupo voltou a se fundir em 2000 com outra gigante dos seguros, a Norwich Union (NU), o novo nome da entidade emergente tornou-se CGNU! Tal denominação traduzia exatamente a estratégia do grupo de não imitar a AXA, mas capitalizar mais uma vez sobre as suas marcas regionais fortes, em um trabalho em que a confiança continua sendo uma importante alavanca da fidelidade dos clientes a longuíssimo prazo. Porém, em 2002, a CGNU virou Aviva!

Cada vez que a AXA faz uma aquisição, mesmo que o preço desta incorpore uma grande mais-valia associada à redenominação da empresa comprada, a marca é sempre extinta em prol da denominação única AXA. Lembramos que a seguradora nº 1 da França era a UAP. A AXA comprou-a e substituiu aquele nome pelo seu, um processo sistemático no mundo todo que visava a transformar a AXA em uma das primeiras marcas globais do setor, senão a primeira. Isso não impede que a AXA, como toda seguradora informada, entenda a importância da dimensão local dos negócios e o papel crucial da proximidade. Mas é errado opor marca global e negócio de proximidade. A marca trata do registro do simbólico: ela aumenta a sua potência por meio de seu desenvolvimento. Além disso, na era da Internet, das mídias globais, dos eventos mundiais (esportivos, culturais, políticos), existem muitas vantagens em agir sob uma bandeira única. Apesar dessa globalização de marca, a AXA não pára de tecer um sistema relacional forte, país por país, cliente por cliente.

O exemplo acima mostra que o problema do nome do grupo só existe quando há um desejo estratégico de transformá-lo em uma marca, ou seja, em uma fonte de valor percebido. Para simplificar, devemos lembrar que está se tratando de marca quando o nome da empresa pesa nas preferências. Ora, não é o que acontece sempre – e está longe disso. Sob o comando da Vivendi, a HER (Havas Éducation et Références) foi o nome do pólo de informação e edição. A HER não era uma marca: o que constitui marca são os nomes da antigas "casas" de edição, que se transformaram hoje em simples marcas, no caso a Nathan, a Bordas, a Larousse, a Armand Colin, etc.

A armadilha das siglas. De uma forma geral, quando o nome do grupo não pretende virar marca, ele muitas vezes é uma sigla (HER, CGNU, etc.). Em contrapartida, para construir uma marca, não há nada pior do que uma sigla. Na verdade:

- a sigla dificulta a leitura e, portanto, a memorização. No exterior, a dificuldade é multiplicada por dez. Ela cria enormes ineficiências de comunicação. A essência do orçamento é consumido por esse problema para memorizar a fonte das mensagens e, portanto, associá-las. É por isso que a CGEA Transport virou Connex.
- a sigla não quer dizer nada: não lembra nada. Portanto, é uma oportunidade desperdiçada de comunicar imperceptível e incansavelmente elementos de diferenciação, de semantização do grupo. Ora, o nome é uma mídia essencial da empresa: é onipresente e dura muito tempo. Ele não pára de ser repetido e se insere na memória a longo prazo.

Se o grupo não quiser constituir marca e, portanto, não ser alvo de comunicação fora da esfera dos analistas financeiros, esses inconvenientes caem por si sós. É preciso ainda estar seguro de que a estratégia não mudará com o tempo. Isso obrigaria a mudar de nome posteriormente, já em ritmo normal, isto é, em um momento inoportuno, ao passo que uma fusão é sempre um momento sonhado para modificar o nome e recomeçar a partir de novas bases.

Quando existe uma vontade de criar uma marca corporativa, a experiência mostra que os agentes se orientam com freqüência para a junção de marcas existentes ou para um nome decididamente novo. Cada abordagem apresenta dificuldades. Vamos tratá-las uma de cada vez.

A tentação do nome duplo. Quando a Ricard comprou a Pernod, o grupo resultante chamou-se Pernod-Ricard. O mesmo aconteceu com a Siemens-Nixdorf, com a BNP Paribas, etc. Existem muitos motivos que justificam essa abordagem.

A primeira é a simplicidade: uma vez que há um casamento, há a reunião dos nomes isolados dos dois pretendentes. O segundo motivo é a manutenção dos *goodwills*, dos valores de marca. Todos conhecem a Nixdorf ou a Siemens. O grupo capitaliza sobre suas reputações.

Os laboratórios farmacêuticos por muito tempo gostaram dessa abordagem: a Merck Sharp Dohm & Chibret é um exemplo típico. É verdade que os laboratórios adquirem, por meio de seus medicamentos e suas forças de vendas, reputações especializadas por afecção, tipo de doença ou terapêutica. As fusões são, com mais freqüência, empreendimentos para reduzir os custos de *back office* (serviços gerais, administração), compartilhar recursos humanos, etc. Em contrapartida, é importante preservar a legitimidade junto a líderes de opinião de centros hospitalares universitários, tanto especialistas como generalistas. Aliás, freqüentemente após a fusão, as forças de vendas especializadas permanecem intactas, sob a sua bandeira anterior, confirmando a sua especialização. Isso também evita, em relação ao médico, a impressão desagradável de ter de receber quatro forças de vendas diferentes do mesmo laboratório MSD&C. As empresas de consultoria são igualmente adeptas dessa abordagem. Tal atitude é normal: seus nomes se tornaram marcas renomadas, atraindo os clientes e, ao mesmo tempo, os melhores estudantes das grandes escolas ou *business schools*. Também em caso de fusão, devem conservar de forma absoluta esses valores duramente adquiridos, irradiando-os no plano mundial. O protótipo dessa solução é a PriceWaterhouseCoopers e Lybrand. Dificilmente terá existido denominação mais longa, reunindo quatro nomes célebres do mundo da consultoria. Evidentemente, pode-se pensar que se trata de uma fase transitória. Na prática, os próprios clientes irão decidir sobre a marca ao abreviar o nome: dirão Price? PriceWaterhouse? Já se vê despontar uma dificuldade para a comunicação corporativa: como viver com identidades flutuantes? O mesmo problema se apresentará para a Cap Gemini Ernst & Young.

A segunda razão da escolha de nomes justapostos é a manutenção da unidade: não há vencedores nem vencidos. Foi o que aconteceu com a Finaelf em 2000.

Uma vez que a fusão tiver sido bem-sucedida internamente, será possível então capitalizar sobre o nome com melhor reputação externa.

No mundo industrial, a opção de justapor os nomes dos protagonistas cria dificuldades ignoradas, mas que todo consultor de estratégia de marca descobre quando é chamado por uma das empresas que estão se fundindo. Todos querem, de fato, que o seu nome seja o primeiro da combinação e utilizam muitas táticas a esse respeito: argumentação racional, estudos como o *lobbying*. Assim, durante os projetos de aproximação entre a Aérospatiale e a Dassault em 1996, era interessante constatar que os jornais (*Les Echos*, *La Tribune, Le Monde, Le Figaro Économie*) não usavam a mesma denominação para o futuro grupo sondado. Havia aqueles que só escreviam "Aérospatiale Dassault" e aqueles para quem o certo era "Dassault Aérospatiale".

Sabendo que esse assunto é emocional por natureza, pois a empresa cujo nome aparece depois pode interpretá-lo como uma derrota simbólica, será que existe alguma forma de acalmar os debates e abordar a questão de maneira serena, pelo interesse do futuro grupo, de seus clientes e acionistas?

Como escolher o nome de um novo grupo que deve nascer da fusão de dois grandes grupos quando, em uma primeira abordagem, a decisão é utilizar os nomes dos dois grupos justapostos? Qual deles deve vir em primeiro lugar e qual em segundo?

Sabendo que um nome é uma mídia (veicula mensagens), mas também um capital (é depositário de *goodwill*), as decisões devem ser analisadas à luz dos dois critérios que se seguem e que desenvolveremos logo após:

– o que se está querendo dizer?
– onde está o principal risco de perda de *goodwill*?

Examinaremos também a alternativa à luz de critérios menos estratégicos, porém mais ligados às virtudes comunicativas das soluções.

1. O que se está querendo dizer?

Em matéria de nomes, aquele que vem à cabeça orienta a percepção (o famoso *primacy effect*, por meio do qual a percepção é estruturada pela primeira informação recebida).

– A partir desse ponto de vista, é arriscado começar por um nome "insignificante", no sentido de que, por ser muito recente, ainda não tem

notoriedade nem conteúdo fora de seu país. Isso obscurece o conteúdo do grupo e deixa pairar uma dúvida quanto às suas funções, às suas atividades reais. É o que teria acontecido com o projeto de fusão abortado entre a E-ON e a Suez Lyonnaise des Eaux. E-ON era um novo nome resultante da fusão entre as alemãs Veba e Viag.
– Ainda sob esse ponto de vista, junto aos conhecedores (analistas financeiros, especialistas, etc.) da E-ON, teria sido útil comunicar sobre a nova entidade a partir do sentido veiculado hoje por ela (grupo de energia, de química, etc.). Ora, a química, como anteriormente foi a construção para a Suez Lyonnaise des Eaux, teria sido somente uma função de complemento no futuro grupo. Não era o que acontecia na E-ON. O mercado arriscou ao interpretar a E-ON Suez como a adição de um poder financeiro a uma empresa que continuava sendo de energia/química.

2. Preservar o *goodwill*

Quando uma fusão ocorre, dentro do mercado doméstico de cada uma das empresas, as considerações de amor próprio sempre perturbam as escolhas dos nomes e da ordem de apresentação, quando os dois nomes vão ser justapostos. Isto é, *a fortiori,* verdadeiro internamente: o orgulho dos funcionários leva a uma forte identificação com o nome-bandeira. É por isso que, quando cada um tem razão em seu país e em seu mercado doméstico, apenas o exterior constitui um terreno calmo e objetivo para avaliar os roteiros alternativos.

O objetivo deve ser preservar o *goodwill* (notoriedade + imagem) sobre o verdadeiro mercado dos grandes grupos de hoje: o mundo.

A partir desse ponto de vista, nenhum novo grupo tem interesse em "descapitalizar" ou reduzir o capital de notoriedade e reputação do qual desfruta potencialmente, graças ao renome de suas companhias no exterior. Portanto, é preferível começar pelo nome mais conhecido no exterior. É por isso que, quando a empresa Ricard comprou a companhia Pernod, o nome do grupo virou, no entanto, Pernod-Ricard: apenas a Pernod era bem-conhecida no estrangeiro. A Ricard certamente é a terceira indústria de bebida alcoólica do mundo em volume, mas quase exclusivamente consumida na França. Da mesma forma, falou-se em Moulinex-Brandt, mais do que em Brandt-Moulinex, pois a Brandt é, na verdade, uma marca local, francesa, com dificuldade para se internacionalizar, pois os espaços já estão tomados em todos os países.

No projeto E-ON Suez, se o nome tivesse sido X-Suez – na medida em que esse X era desconhecido –, não teria criado valor para o acionista, mas teria diminuído a "proeminência" da marca Suez nos mercados internacionais. Teria sido necessário investir mais em comunicação a fim de compensar o efeito desse recuo da marca conhecida. Seria uma concessão ideal para os recursos do grupo? Certamente, não: é melhor capitalizar sobre os *goodwills* existentes do que diluí-los.

3. Algumas considerações sobre comunicação

É o terceiro tipo de critério que pesa na escolha da ordem dos nomes.

Em matéria de nomes de grupos constituídos pela justaposição dos nomes anteriores, existem hábitos que, quando não são seguidos, se tornam uma mensagem. Vamos lembrá-los um por um:

- a maior companhia geralmente é citada na frente (assim, durante os projetos de aproximação, que depois foram abandonados, se falava em Aérospatiale-Dassault, em Schneider-Legrand, etc.). Todavia, em muitos casos, esse critério não funciona, pois os grupos são de tamanhos equivalentes;
- a companhia que tem o melhor *price earnings ratio* (ou múltiplo) é muitas vezes citada na frente, para influenciar a percepção do mercado financeiro;
- a companhia mais conhecida é citada na frente: por isso, após a compra da Philips pela número 1 mundial (Whirlpool), o novo grupo se chamou Philips-Whirlpool durante seis anos. Efetivamente, no mercado europeu, onde o novo grupo tinha de dar tudo de si, a Whirlpool era totalmente desconhecida;
- o critério da "pronunciabilidade" internacional, enfim, deve ser abordado: E-ON Suez teria sido mais difícil de ser pronunciado do que Suez E-ON, mais fluido e natural.

Expandir a marca corporativa para fazê-la viver. A Rhône Poulenc e a Hoechst fundiram-se e transformaram-se em Aventis, imitando a Sandoz e a Ciba, que criaram a Novartis. Em todos os lugares, as fusões produzem novos nomes, como Diageo, por exemplo.

O raciocínio é o da tábua rasa: ele privilegia as considerações internas. Uma nova companhia nasceu da fusão de duas outras. Não existe vencedor nem vencido. Evidentemente, ao fazê-lo, transforma-se o valor das reputações em perdas e lucros, mas, a longo prazo, isso é considerado lucrativo.

Essa abordagem, muito onerosa em investimentos publicitários – pois é preciso reconstituir as notoriedades perdidas –, é privilegiada pelos grupos cujo nome é ou será marca. Partir com um novo nome permite construir um novo discurso, baseado em valores atuais, valores que poderiam ter sido recusados se fossem carregados pelos antigos nomes das antigas companhias.

Porém, no mundo industrial, não se cria a marca corporativa unicamente por meio da publicidade. A questão concomitante é a da expansão da marca corporativa ao nível dos pólos, das divisões, até mesmo das atividades comerciais. Dessa questão dependerá o estabelecimento do novo nome na vida cotidiana, interna e externamente. Se tomarmos o Grupo Vivendi como exemplo, é notável que tal nome seja usado para denominar o pólo ambiental, o pólo histórico do Grupo, por meio da Vivendi Environnement, companhia cotada no mercado financeiro desde julho de 2000. Em contrapartida, a parte de comunicação, telecomunicação ou Internet atualmente não carrega esse nome, mas as suas marcas são conhecidas: Cégétel, SFR, Canal Plus.

Em qualquer projeto de fusão é necessário, portanto, reconsiderar a arquitetura das denominações e perguntar-se sobre os suportes: as marcas comerciais devem se apoiar no nome do grupo ou naquele do pólo ou da função? Se cortarmos o grupo das operações comerciais (que, portanto, não teriam de ser apoiadas por ele em sua identidade nominal ou gráfica), ele é transformado, antes, em uma *holding*. Quanto mais apoio existir, mais ele se transforma, pelo contrário, em um grupo industrial integrado.

Como se pode constatar, a problemática da marca nos casos de fusões está intimamente ligada à estratégia, da qual ela é a expressão mais visível para todo observador externo.

O erro mais freqüente é não determinar os recursos de sua estratégia, pois criar uma megamarca corporativa – por exemplo, a de um pólo industrial de um grande grupo – é se engajar efetivamente em uma grande planificação das denominações em todo o pólo; é estar pronto, pois, para conduzir uma tarefa de persuasão/coerção em funções em que os nomes de empresas foram, até então, fatores consideráveis de identidade, isolacionismo e, portanto, de poder. É preciso estar pronto para travar esses combates também nesses aspectos. Ao não fazê-lo, nunca se transformará o nome corporativo em uma verdadeira marca, fonte de união e garantia buscada pelas filiais.

3

Os ditames da mudança

Durante anos, de 1980 até hoje, as empresas só falaram na redução dos custos. As palavras-chave da administração foram redução de efetivos (pudicamente rebatizada, em inglês, como *down-sizing*), ECR (*Efficient Consumer Response*), deslocalização, reengenharia, administração enxuta, etc. O objetivo era encurralar, como sempre, os menores custos não criadores de valor, extinguir as "ineficiências", reduzir os custos de produção.

O limite parece ter sido atingido agora. Quase não existem mais filões de produtividade escondidos, exceto talvez nos custos da informação no sentido amplo, por isso a importância da Internet como lubrificante de todas as engrenagens da economia.

Atualmente, as empresas voltaram a ter consciência de que não existe mais salvação a longo prazo além do crescimento. A prioridade voltou a ser: como jogar com a alta das contas operacionais? Como fazer as vendas crescerem, porém agora mais em valor e menos em volume? Na verdade, pelo menos em nosso mundo ocidental, muitos mercados estão maduros, hipersaturados e não crescem mais. Os mercados alimentício, por exemplo, e/ou de higiene/beleza não crescem mais em volume, até regridem, pois os consumidores estão preferindo direcionar sua renda disponível para outras finalidades. O desafio é crescer, então, em mercados, na melhor das hipóteses, estáveis e, na pior delas, em declínio. Esse desafio é das marcas, mas também dos revendedores que se inquietam em relação ao futuro das categorias que formaram as bases do supermercado e, depois, do hipermercado.

CRESCER POR MEIO DA INOVAÇÃO

A resposta a este desafio de crescer se resume a uma única palavra: inovação. Ter de relembrá-la pode parecer espantoso, mas isso não era prioridade nos anos 80. Em contrapartida, a chave das futuras inovações é saber satisfazer o consumidor e o revendedor ao mesmo tempo. O primeiro, levando-lhe valor, fonte de despertar do desejo, portanto, da compra; o segundo, aumentando, desse modo, o valor da categoria.

Em 2001, a Ariel lançou na Europa uma nova apresentação chamada "equitab" (cápsula hidrossolúvel que se dissolve na máquina), criando assim um novo segmento que, em alguns meses, atingiu somente 3% do mercado. Nesse mercado bastante maduro, cujos volumes não crescem mais, os consumidores reagem, contudo, à inovação. Ora, o custo na lavagem é bem mais elevado com esse tablete líquido "equitab" do que com um sabão em pó ou um tablete normal, ou seja, a inovação anterior. Isso prova que a inovação, mesmo sendo mais cara, é adotada quando cria valor. Em nossos mercados (maduros), os consumidores valorizam a praticidade, o ganho de tempo, a modernidade.

É por isso que, em muitos mercados e categorias, a evolução dos números é significativa: diminuição do mercado em volume, crescimento em valor. Em 2001, o mercado francês de xampu descresceu 1% em volume, mas cresceu 5% em valor. Esse é um dos mercados mais ativos em termos de inovações. Uma referência não dura mais do que dois anos.

Ao inovar assim, o fabricante satisfaz também as expectativas da distribuição, preocupada em valorizar cada metro quadrado de suas superfícies e, portanto, em ver as categorias crescerem em valor.

Nunca é demais dizer que a inovação é a razão de ser da marca. Entretanto, considerando os inúmeros seminários solicitados sobre esse assunto para relembrar tal verdade capital ao *staff* de *marketing* das empresas, grandes e pequenas, é de se espantar que essa mensagem ainda não tenha sido completamente absorvida. Portanto, é preciso relembrar algumas verdades.

A marca é o subproduto da inovação. Jamais se deve esquecer que toda marca nasce como não-marca. As maiores marcas começaram as suas carreiras sendo pouco conhecidas, pouco distribuídas e, portanto, sem o famoso apoio da imagem ou da influência. Elas não passavam de um produto sustentado por uma força de vendas inspirada, motivada, que acreditava em seu produto novo e convencia a distribuição dubitativa de que era melhor corresponder às necessidades dos consumidores do que deixá-lo para a concorrência. O ato fundador da marca é, portanto, a inovação, o produto/serviço novo. É ele que justifica o bater à porta da distribuição para pedir um pouco de espaço.

Evidentemente, a maior parte das inovações fracassam, nove entre dez, conforme a Nielsen. Portanto, pode-se dizer que a marca é o subproduto de uma inovação que foi bem-sucedida. Por meio da extensão de sua distribuição, de sua comunicação, de sua linha, ela adquire visibilidade, notoriedade, reputação de qualidade, imagem específica e, a partir daí, cresce. O que não passava de um nome em um produto se transforma em símbolo de um valor agregado, de um estilo de vida ou de um desempenho, quando não de uma paixão. O nome transforma-se em valor nos dois sentidos do termo.

O erro é acreditar que o papel da inovação se limita ao nascimento da marca. Ela é a sua condição de sobrevivência em um mundo onde apenas a renovação da oferta cria o desejo e onde os clientes se acostumam rapidamente aos últimos avanços.

A inovação continua sendo o oxigênio da marca. Ao longo de sua vida (exceto se, no final do ciclo, decide-se "trair" a marca), a inovação permanece sendo a chave da competitividade das marcas. De fato, como demonstra o estudo Brand Asset Valuator feito pela rede Young & Rubicam no mundo todo, a maior ameaça que pesa sobre as marcas é a perda de pertinência. Elas continuam sendo amadas, mas o cliente compra ao lado. Portanto, é necessário manter a pertinência: mesmo que seja um combate, pois a pertinência é comparativa, é a chave da sobrevivência. Os consumidores bajulados, cobiçados, ficam apenas com a difícil decisão. Acabam optando pela oferta mais ponderada.

Afinal, são muitas ofertas. São o produto e os serviços que determinam a pertinência. É pela oferta que a marca demonstra a sua pertinência, oferta esta apresentada pela publicidade e pela comunicação no sentido amplo.

Ora, a lei do mercado é de que tudo muda. Os consumidores evoluem, se sofisticam. Novas gerações com sistemas de valores diferentes os substituem. Novos concorrentes surgem e obtêm sucesso devido à sua melhor pertinência. Somente a renovação da oferta garante o crescimento. Por renovação, trata-se de todos ou parte dos seguintes elementos:

– inovações em relação à **embalagem**: como torná-la mais excitante, prática, bela, desejável, intrinsecamente atraente e isso não importando quais sejam as categorias? A L'Oréal pratica, assim, sistematicamente, a técnica chamada "carrinho de compras". A empresa consulta agências de *design* ou de embalagem e pede a elas para serem

criativas propondo dez novas idéias de embalagem. As melhores que saem dessa fervilhação criativa permanente são apresentadas a L. Owen Jones, presidente do grupo, e lançadas nesta ou naquela marca para aumentar, como sempre, as suas vendas e o seu valor percebido.
- inovações em relação aos **produtos**: é o que dá base à concorrência técnica nas indústrias automobilística, eletrônica ou da informática.
- inovações em relação aos **conceitos**: trata-se mais da idéia associada ao produto do que de um progresso atribuído à técnica injetada no produto. Por exemplo, o que é a Fructis? Um conceito sedutor em uma determinada época de um xampu que seria bom porque estaria baseado nos efeitos benéficos das frutas para a saúde e a beleza dos cabelos. O mesmo ocorre com o Ushuaia, que originalmente era um programa de televisão dedicado ao amor pela natureza preservada, pelo ecológico. Esse conceito foi, em seguida, aplicado a um xampu e um sabonete líquido para representar esses valores.
- inovações em relação aos **serviços**. Assim, a Daewoo pôde penetrar no mercado britânico propondo aos clientes potenciais não ir mais a uma oficina Daewoo, mas permitir à Daewoo realizar as visitas de *check up* a domicílio.

É a oferta que aumenta a pertinência e, portanto, atrai consigo o crescimento. Como estaria a Coca-Cola hoje se não tivesse quebrado o tabu quase secular do monoproduto e aceitado adaptar o seu produto único às evoluções dos consumidores graças a uma linha que correspondia a expectativas diferenciadas (sem açúcar, sem cafeína, sem açúcar nem cafeína, com um gosto diferente)?

O que conta é o ritmo das inovações. Não se trata de lançar, nos mercados modernos, uma inovação de tempos em tempos. Isso deve ser um processo permanente. De qualquer forma, os próprios concorrentes o fazem e os clientes indiferentes devem ser reconquistados. O estudo PIMS Europe 2000 nos recorda que, com os bens de grande consumo, os setores em crescimento são aqueles em que o ritmo das renovações e inovações é o mais elevado. A medida desse ritmo é a porcentagem do volume de negócios do ano realizado com produtos que datam de menos de dois (ou três) anos.

O exemplo da Evian constitui o sintoma de um processo de inovação sistemática. Não podendo agir em relação à água, a Evian não parou de oferecer valor aos consumidores, por meio de serviços associados à sua embalagem. A maioria das inovações que facilitam o transporte, a estocagem ou o próprio consumo da água mineral (quaisquer que sejam os lugares ou momentos) foram realizadas pela Evian, até mesmo a etiqueta do código de barras destacável do 6-*pack*, o que evita o manuseio desse pacote pesado demais quando se está passando no caixa. Não é de se espantar então que, de forma incremental, a imagem da Evian não tenha parado de se valorizar, melhorando a imagem da marca nos itens qualidade, atenção dada aos clientes e proximidade.

O único amparo contra as marcas próprias. Os mercados maduros são o húmus das marcas próprias. Nesses mercados, um número crescente de consumidores reduz seu envolvimento e deseja, assim, investir menos na categoria financeiramente, sem, no entanto, parar de comprar. É o mercado nutritivo para as marcas próprias.

Nos mercados maduros, existe uma expectativa de simplificação, de dessegmentação nesses consumidores menos implicados. Isso cria a possibilidade de séries longas no nível da produção, portanto, de economias de escala.

É por isso que só a inovação é fator de novo envolvimento. Aliás, os números estão aí. O único fator que explica significativamente as diferenças de participação de mercado das marcas próprias de um setor a outro, de uma categoria a outra, é a intensidade inovadora das marcas de fabricante, antes mesmo da intensidade publicitária do setor ou da categoria. Essa intensidade é medida pela razão do volume de negócios do setor realizado com produtos novos lançados há menos de dois (ou três) anos. Essa razão está negativamente correlacionada à participação de mercado das marcas próprias.

O caso da Barex fornece uma ilustração interessante desse processo e demonstra como, em um mercado dominado pelos produtos primeiro preço e pelas marcas próprias, uma marca enfraquecida, perdendo o ritmo e a referência em relação à grande distribuição, voltou a ser a segunda de seu segmento em dois anos. Trata-se da Pampryl, marca de suco de frutas, que pertencia ao Grupo Pernod-Ricard. No início dos anos 90, essa marca de longa herança certamente desfrutou de uma forte notoriedade assistida e de uma boa empatia dos consumidores, mas a sua participação de mercado não parava de diminuir e a falta de valor agregado justificava a sua diferença de preço. O consumidor via cada vez menos diferença com um produto similar da Auchan, Cora ou Super U. Em 1995, a marca era apenas o quarto lugar em participação de mercado. Tinha sido líder por quase 10 anos.

A solução veio da inovação. Em colaboração com o fabricante de embalagem, a Pernod-Ricard desenvolveu pesquisas para elaborar uma embalagem que trouxesse um real progresso ao consumidor. Esse progresso levou o nome da Barex. Trata-se de um novo tipo de plástico transparente (uma qualidade valorizada pelos consumidores); isso explica o interesse renovado pelas embalagens de vidro, apesar de seu peso. Porém, além de sua transparência, a Barex impedia a oxidação do suco de frutas e estendia consideravelmente a sua vida útil na prateleira e, portanto, em casa também. Tinha-se, assim, a leveza do plástico, a transparência do vidro e a durabilidade apreciada tanto pelo revendedor como pelo consumidor. Essa inovação exclusiva permitiu ganhar novamente, em alguns meses, as participações de mercado perdidas, por meio da reconquista das centrais de compra e, depois, dos carrinhos dos consumidores.

Liberar os obstáculos da inovação. Não se trata totalmente de estar consciente da importância da inovação. Ainda é preciso que todos, dentro e fora da empresa, estejam igualmente convencidos disso. A inovação requer primeiramente uma organização nesse sentido.

O verdadeiro trabalho das empresas e marcas modernas agora corresponde a: como devemos nos organizar para inovar? Como aumentar a taxa de sucesso das minhas inovações? Será preciso organizar a inovação por marca – a atual tendência da Unilever –, categoria ou mercado (sênior, infantil, etc.)?

Uma coisa é certa: hoje em dia, para criar deve-se antecipar. É por isso que as marcas se interessam cada vez mais pelas tendências, onde quer que elas despontem no mundo. Desenvolvem olheiros, caçadores de mudanças ou tendências, para descobrir aquilo que poderia virar tendência e acelerar o aparecimento desta, com a sua difusão sob uma determinada marca. Esse *marketing* da oferta é típico da L'Oréal. A profunda filosofia da L'Oréal é de que o consumidor não sabe o que quer. Em contrapartida, a L'Oréal sabe o que ele vai querer. Essa visão está muito próxima daquela do *marketing* da oferta, típica da indústria do luxo. Isso explica a orientação tomada por esse grupo, que só imita as marcas mundiais, muito formatadas e homogêneas de um país a outro. A L'Oréal abandonou, portanto, as marcas locais, mesmo as mais rentáveis e que dispunham de uma forte ligação (como a Gemey, na França), em prol de modelos de referência mundiais (como a Maybelline, a Redken, etc.).

Um segundo obstáculo à inovação pode ser a distribuição. Se a marca estende as suas linhas, ela precisa, para acompanhar esse desdobramento, de pontos de venda maiores e de revendedores apostando nos novos produtos. Ora, o que acontece muitas vezes, por exemplo, nas franquias, quando os estabelecimentos dos pontos de venda são fracos, é que os franqueados se contentam em comprar os mesmos produtos todo ano, com valores certos, o que acaba dando uma imagem bastante estagnada da marca em suas vitrines. Daí a tendência das marcas de querer controlar a sua distribuição, por meio da posse própria de *megastores* – ou de global *stores* – capazes de traduzir conseqüentemente, ao nível dos clientes, a mutação permanente da marca em sua oferta de produtos e serviços. Isso é típico da indústria têxtil ou da telefonia móvel. A vontade da SFR de se equipar com uma distribuição própria refere-se à mesma lógica.

Isso diz respeito ao *business to business*. Assim, a Lafarge é agora um grupo que cobre uma larga paleta de serviços, além do cimento. Está presente em gessos, telhados, agregados, produtos especiais, etc. Mas o artífice da construção civil não é um inovador. Ele tenta reduzir seus próprios riscos ao se limitar às soluções e produtos testados e aprovados. Da mesma forma, a potência inovadora da Lafarge é deficiente: ela não atinge tanto o mercado. Os clientes finais, e mesmo os arquitetos no importante mercado da renovação, não estão suficientemente informados sobre as inovações significativas trazidas pela Lafarge em matéria de vedação, isolamento térmico, acústico, etc. Os artífices não estão acostumados com a inovação. Por isso a decisão estratégica do Grupo Lafarge de investir nas novas tecnologias da informação, criando três *sites* na Internet: um destinado aos artífices (batissor.com), outro aos arquitetos (creargos.com) e um último dedicado ao mercado de consumo (batirenover.com). Outros segmentos de *marketing* relacional são empreendidos junto aos artífices, para acelerar a entrada da inovação na classe.

CRESCER POR MEIO DA EXTENSÃO DE MARCA

A extensão não é mais um tabu. Mesmo as empresas mais prudentes, mais adeptas da marca-produto, chegam a esse ponto. A Ricard testou em 2001 sua primeira bebida pronta. Na Procter & Gamble, criadora da política da marca-produto, a Monsieur Propre estendeu seu perímetro de atividade dos detergentes aos paninhos de limpeza. Certamente um passo pequeno, mas o primeiro em direção a outras extensões.

A extensão de marca (também chamada *brand stretching*) é, na verdade, o outro grande caminho para o crescimento das marcas. Abordamos amplamente a extensão de marca em nossas obras anteriores (cf. *As marcas, capital da empresa* e *Marcas à prova de prática**), em um plano metodológico. O que há de novo, então? Algumas constatações baseadas na experiência e na análise de recentes casos significativos.

*N. de R.: Ambos publicados pela Bookman Editora.

A extensão não dispensa a inovação. Com muita freqüência, a extensão é abordada sob o único ângulo da legitimidade da marca. Portanto, o que a marca poderia fazer, em mercados nos quais ela é legítima, em outras categorias que não aquelas nas quais batalha atualmente? Esta é uma questão necessária, mas parcial. Apesar disso, do ponto de vista do cliente, a questão é a da diferença percebida, do interesse intrínseco da oferta nova em relação à concorrência da categoria de extensão. A extensão deve, pois, envolver um caráter inovador para o mercado. É preciso fazer uma proposta de valor inédita.

Assim, a Petit Marseillais, modesta marca que representa as virtudes míticas do sabonete de Marselha (naturalidade, autenticidade, herança), penetrou no mercado do xampu e, ainda mais recentemente, no do sabonete líquido, no qual, com algumas referências apenas, adquiriu uma participação de mercado significativa. Seu conceito era inovador e pertinente, nessa categoria. A naturalidade do bom menino* da Petit Marseillais não tem nada a ver com a personalidade da Ushuaia ou a tecnologia da Fructis.

A extensão não exclui a análise estratégica. A extensão não é um final em si. O que conta é o crescimento duradouro. Os revendedores poderão se deixar seduzir por uma extensão e facilitar a sua colocação nas prateleiras, assim como os consumidores em suas cestas de compras. A problemática situa-se na capacidade para se desenvolver no mercado escolhido, antecipando a reação da concorrência. Isso significa que se examina o real interesse estratégico do mercado em questão (crescimento, lucratividade, barreiras de entrada, fatores de sucesso). A outra questão é sobre a capacidade da empresa para mobilizar os recursos a fim de perdurar na categoria: inovações repetidas, publicidade, etc. O *sell in* é fácil, mas como se pereniza o *sell out* no tempo, uma vez passado o efeito de curiosidade – e a concorrência começa a reagir?

Redefinir o núcleo de identidade da marca. Qual foi a referência mais vendida na seção de biscoitos em 2001? Taillefine**! A extensão dessa marca oriunda dos refrigerados à categoria dos secos, depois à água mineral, é interessante por mais de uma razão. De um lado, o sucesso com os biscoitos mostrou que o conceito de biscoitos *light*, porém saborosos, tinha um potencial real até então inexplorado por todas as outras marcas. Cansados de produtos doces demais, como as barras Mars e Twix, os consumidores captaram essa inovação rica em promessas, mantendo suas promessas. Desde então, a linha não pára de aumentar.

*N. do T.: Referência ao logotipo da marca.
**N. do T.: No Brasil, a marca é representada com o nome "Corpus".

Quanto à água, sabe-se que faltava ao Grupo Danone uma marca para se opor à Contrex no segmento da boa forma. Antes de inventar uma, capitalizou-se sobre a marca já conhecida Taillefine e fabricou-se uma água posicionada contra a Contrex.

Feito isso, ninguém deixará de ver nas embalagens que, se a Taillefine construiu sua reputação graças ao 0% de gordura, a promessa do biscoito não passa de uma "redução da gordura" em relação à concorrência, cuja gordura não é reduzida. Em suma, conforme as categorias, a materialização da promessa é diferente. Os biscoitos Taillefine comportam gorduras, mas um pouco menos do que a concorrência. O sucesso popular demonstra que, para o mercado, o núcleo da marca não é um número, mas uma forte promessa. Isso não era evidente dentro do Grupo Danone antes de passar pela experiência. Assim como em todas as extensões, a questão do núcleo é levantada. Por "núcleo", entende-se a definição da própria essência do contrato de marca. O que é efetivamente uma marca, para os consumidores ou clientes, senão uma referência? Aí está a sua função essencial. Quando se mede a imagem de uma marca, nem todos os seus traços são indispensáveis à sua identidade. Apenas alguns traços são necessários, identitários, a tal ponto que a sua ausência significaria, para os clientes, que se trata de uma outra marca, de um homônimo. O núcleo é antes, portanto, uma realidade psicológica. É também uma necessidade gerencial. Somente a repetição constrói o sentido. É preciso, pois, estabelecer e comunicar internamente aquilo que a marca quer dizer, em alguns traços. Esse trabalho prévio é a chave da convergência e da focalização das diferentes funções da empresa a serviço de uma mesma concepção dos valores da marca, daqueles que devem constituir o seu "núcleo identitário".

Os fatos estão aí. As pesquisas e estudos sobre os consumidores mostram que eles fazem do imaterial o verdadeiro núcleo da marca e, de suas manifestações tangíveis, elementos "periféricos", pois estes são adaptáveis conforme as categorias para as quais a marca se estende.

Respeitar as regras do mercado da extensão. Todos conhecem a extraordinária política de extensão da Nivea. Ela foi provocada pela entrada da L'Oréal no mercado enriquecedor da Nivea por meio da marca Plénitude, vendida em grandes estabelecimentos. A Nivea decidiu contra-atacar lançando muitas extensões em mercados tão diversos quanto o de desodorantes, sabonetes líquidos, xampus e até cosméticos. Para fazê-lo, ela modificou a sua cultura e tomou emprestado um dos fatores-chave de sucesso da L'Oréal: o ingrediente mágico. Antes disso, a Nivea e seu protótipo (o creme Nivea) não continham agentes ativos, mas agentes protetores. A entrada no mercado da beleza, do cuidado ativo, supunha uma modificação da cultura interna da marca, sob o impulso da Beiersdorf. A partir de então, cada produto novo faria uma proposta baseada em um ingrediente específico.

A extensão é uma aprendizagem. Evidentemente, conhece-se a sua marca, mas menos as leis do novo mercado, o da extensão. Assim, o lançamento da Nivea Beauté foi feito em cima de uma promessa de cuidado. Isso era normal, pois a marca Nivea inteira não tem significado "cuidado" há 50 anos (*care*, em inglês)?. Ora, a principal expectativa de uma compradora de batom ou de sombra é a beleza, a sedução, e não o cuidado.

A empresa Beiesdorf corrigiu, portanto, o posicionamento para considerar essa realidade incontornável. A Nivea propõe uma beleza "natural", aquela que respeita a pessoa e a sua identidade (ou seja, uma forma imaterial da noção de cuidado, de *care*), a quilômetros de distância dos modelos de beleza hollywoodiana das propagandas da L'Oréal.

A NOVA IMPORTÂNCIA DO *DESIGN*[1]

Durante o último Salão Internacional do Automóvel do séc. 20, todos puderam constatar a importância considerável que envolvia o *design* nos automóveis de hoje. Todas as montadoras rivalizam em audácia, não mais nos modelos de exposição ou *concept cars*, mas nos modelos que todos podem comprar, evidentemente em função de seus recursos. A inexorável ascensão do *design* não diz respeito apenas ao setor automobilístico, mas a todos. Entretanto, a indústria automobilística elucida bem as razões desse fenômeno, que contrasta com os períodos anteriores em que, como é típico da mundialização, as montadoras procuravam formas consensuais, bastantes flexíveis, tentando não desagradar os clientes asiáticos, nem os europeus ou os americanos.

As fontes dessa nova importância. As análises atribuem a volta do *design* a várias fontes. A retomada econômica dá novamente vontade de comprar e traz de volta à moda o prazer, como havia antecipado muito bem a Peugeot, que a partir de 1997 adotou como novo *slogan* de marca: "Para que o automóvel seja sempre um prazer". É verdade que o automóvel, apesar de todos os seus obstáculos e seus custos induzidos, continua sendo um objeto de forte envolvimento, com uma incompressível dimensão emocional. Como um prolongamento moderno do cavalo, ele significa liberdade.

[1] Conforme o artigo do autor no *Figaro Économie*, 2 de outubro de 2000.

A sociedade pós-moderna também propicia essa exaltação ao *design*, às formas marcadas. Nessa sociedade fragmentada, já que as necessidades estão satisfeitas, todos estão procurando sentidos, seu próprio sentido, e o consumidor vai em direção à audácia, aquela que corresponde a seus valores, a suas escolhas estéticas pessoais, livres de qualquer necessidade de se submeter a uma norma. Todos vivem como querem. Para além do *design*, aspiram a um conceito automobilístico adaptado ao seu imaginário: isso explica o lento declínio da perua clássica, em prol dos monovolumes, 4x4, picapes, etc. Aqui, a imaginação não tem outros limites além da existência de um mercado suficiente.

O interessante é que, para as montadoras, a obsessão de agradar a todos passou. O sr. Todo-Mundo não existe mais. Ao querer agradar a todos, ou pelo menos não chocar ninguém, se chega a carros bons em todos os aspectos, mas monótonos e que não despertam o entusiasmo de ninguém. É preciso, então, todo o talento das redes de concessionárias para realizar o impossível.

Além dessas razões, deve-se destacar a importância fundamental das plataformas no mundo automobilístico de hoje. Devemos lembrar que, para reduzir os custos de fabricação nos grupos que agora são multimarcas, modelos de várias marcas têm saído da mesma plataforma, o que representa, no mínimo, mais de 65% de elementos comuns. O desafio é, portanto, tipificar bem os modelos externamente, internamente e até nas sensações de direção, para fazer com que a plataforma seja esquecida e assim manter a identidade da marca. Do contrário, cai-se dentro da canibalização: o freio do Passat é assombrosamente parecido com o do Audi, que é bem mais caro, e a rede Volkswagen não deixa de mencioná-lo ao visitante interessado. A lógica multimarcas visa a maximizar a cobertura do mercado, acentuando a diferenciação da marcas entre si.

Tendo considerado a porosidade entre divisões ou departamentos e a política de plataforma comum, existe uma tendência estrutural no mimetismo dentro de um mesmo grupo automobilístico. Isso produz semelhança, ao passo que a essência da marca é a diferença. É por isso que agora se solicita ao *design* para acentuar as diferenças percebidas. A política de plataforma leva inevitavelmente à radicalização do *design*.

Então, a questão é levantada: qual *design*? Qual desenho? Uma consideração maior entra em jogo aqui. A diferenciação das marcas não pode ser um jogo feito de aparências e apenas de diferenças de visual. Um verdadeiro portfólio de marcas não tem sentido a longo prazo a menos que comporte marcas inovadoras movidas por valores diferentes, "aspiracionais", para uma ampla parcela do público, mesmo que eles não sejam mais consensuais.

Da imagem à identidade de marca. É revelador que a palavra-chave da gestão de marcas hoje em dia não seja mais imagem, mas identidade, o sistema de valores próprio a cada marca. Assim, em nossa era pós-moderna, mesmo que a fidelidade não seja mais adquirida e deva ser, portanto, reconquistada a cada renovação de carro, resta somente a adesão – e a proximidade do consumidor à marca se alimenta desses valores.

Tais valores desempenham um papel-chave, internamente. Sabe-se aquilo que a marca quer dizer: a marca é uma referência. Aí está a sua função-chave em um mundo de concorrência e oferta muito abundante. Tanto externa quando internamente, todos precisam saber o que a marca em questão carrega como valores agregados específicos. Já que a marca é uma referência a longo prazo, somente esses valores darão o rumo. Eles auxiliam na definição do plano do produto, guiam a pesquisa de inovações, estruturam a comunicação – e isso para cada marca. Através do tempo, o problema da marca não é mais, pois, rediscutir os seus valores, mas compreender como cada um desses valores deve, a partir daí, se manifestar, se atualizar.

Os valores da marca são, enfim, essenciais para os *designers*. Além dos modelos que visam a um segmento particular, é importante significar a marca e os seus valores. Necessita-se, portanto, de um *design* significante: um de-signo. O *design* moderno evidentemente está a serviço da forma e da função. Porém, é sobretudo sobre ele que recai a tarefa de exteriorizar o motor interno de toda marca, isto é, o seu desenho.

Um caso exemplar: a Peugeot. Do público em geral aos jornalistas especializados, todos puderam notar a significativa evolução do *design* da Peugeot desde o 206, o 607, até o bem recente 307. Contrastando com um *design* demasiadamente sensato, os novos carros ostentam formas significativas nas afirmadas saliências: capô inclinado, faróis em formato de olhos felinos, pára-brisa elevado, etc. Um Peugeot agora se destaca: a sua identidade visual não só é reconhecível como comunica um verdadeiro desenho de marca.

É verdade que uma marca que encontrou a sua identidade sabe para onde vai. A origem dessa mutação está em um trabalho de base feito pela marca em 1995, visando à redefinição da sua identidade para encarar os mercados mundiais, as novas condições de concorrência, as evoluções sócio-culturais, o aspecto mutante de nossas sociedades avançadas com o automóvel. Tudo isso sem se renegar: a identidade deve ser verdadeira. A Peugeot devia se reinventar.

A primeira conseqüência desse trabalho foi a mudança da assinatura publicitária da marca: "Para que o automóvel seja sempre um prazer". Este *slogan* chocou muitos críticos, pois não correspondia à imagem que tinham da Peugeot. É verdade que os modelos anteriores, de qualidade mas sensatos em demasia, tinham criado uma imagem convencional.

O que não se sabia era que esse *slogan* era internamente programático. Como a ponta de um *iceberg*, ele resumia os quatro valores fundamentais resgatados da marca: inovação, dinâmica, estética e segurança. Como fato significativo, esse *slogan* assumia o termo "automóveis" (e não "carros"), pois o automóvel é um objeto mecânico (o ponto forte histórico da Peugeot), mas também uma conquista, uma epopéia. Esse *slogan* também ousava falar de prazer em uma empresa cuja herança da ética protestante é conhecida. Porém, tratava-se de um prazer responsável: em cada futuro modelo, a marca se dava como missão resolver todos os problemas (de qualidade, segurança ativa e passiva, meio ambiente, cidadania, serviço aos clientes, etc.) para que só restasse o prazer, para todos (não apenas para o motorista).

Assim era o novo programa, a nova religião difundida a partir de 1996, partilhada internamente, pois resgatava as raízes do que foi a marca[2], estimulando-a para torná-la competitiva no mundo moderno. A Renault empreendeu um procedimento similar cinco anos depois, pois estava cansada de seu *slogan* "Carros para viver", herdado de uma problemática de empresa e de mercado dos anos 80.

O programa de marca da Peugeot irrigou os planos dos produtos, os futuros modelos, a sua comunicação e, evidentemente, o seu *design*. É dessa maneira que os novos modelos podem ser reconhecidos: eles expressam claramente a nova identidade da marca, seus quatro valores fundamentais.

AS PEQUENAS E MÉDIAS EMPRESAS PODEM CRIAR MARCAS?

Qual é a esperança que as PMEs (pequenas e médias empresas) têm de criar a sua marca diante das novas realidades do mercado? A pergunta não pára de ser feita pelos próprios interessados. Em todos os lugares, nos seminários, livros de *marketing,* são citadas como exemplo apenas as grandes marcas, até mesmo marcas internacionais. Manifesta-se o interesse – até a imperiosa necessidade – de criar uma marca para garantir a competitividade a longo prazo. Porém, ao mesmo tempo, esses eternos exemplos parecem fechar o debate.

De fato, o que pode uma jovem PME perante:

---

[2] KAPFERER, P. & GASTON-BRETON, T. *Peugeot: une griffe automobile.* Paris: Le Cherche Midi Éditeur, 2001.

- a distribuição concentrada e exigente;
- a vontade da distribuição de restringir a prateleira acessível às marcas, privilegiando a sua própria marca;
- a exigência de globalização, que alguns revendedores alegam;
- o aumento dos custos das mídias e publicidade, criando uma barreira.

As novas PMEs não estarão definitivamente fora do jogo? A menos que exista uma forma puramente virtual na Internet de se misturar com uma marca coletiva como a Yoplait ou de produzir marcas próprias, o caso não está encerrado? A resposta, de saída, é sim, exceto em caso de inovação de vanguarda.

As novas condições dos mercados de consumo não favorecem mais a entrada de marcas novas advindas de PMEs e, *a fortiori,* de microempresas. As grandes empresas vão criar marcas novas e estas poderão se beneficiar de seu poder financeiro e de seu especialismo.

O acesso à grande distribuição concentrada é o fator-chave do sucesso de todos os lançamentos. Ora, esse acesso está fechado para empresas sem recursos, portanto, às jovens PMEs. Em todos os mercados nos quais a distribuição não atingiu essa concentração, a situação está muito mais aberta:

- desse modo, os mercados *business to business* estão abertos;
- da mesma forma, nascem regularmente novas franquias nos setores de moda, bares e restaurantes, serviços, etc.
- viu-se também que a Internet é, ao mesmo tempo, uma mídia e um lugar ilimitado de vendas.

Na realidade, como a nossa análise vai mostrar, a situação não está completamente fechada, mesmo ao mercado de consumo. Mas o caminho é difícil.

Uma revisão necessária: como nascem as marcas? Nunca devemos esquecer que todas as marcas nascem como não-marcas. Evidentemente, estas tinham uma marca no plano jurídico, mas ela, por falta de notoriedade e imagem, não influenciava ninguém, nem na distribuição, nem junto aos líderes de opinião ou aos clientes. Só podiam, então, contar com elas mesmas: seu produto e o fervor de sua força de vendas – e freqüentemente até o próprio criador.

Lembramos mais uma vez que o resultado desse fato incontornável é que a marca é o subproduto da inovação. Toda marca é conseqüência de uma inovação bem-sucedida (segundo os estudos, uma entre dez obtém sucesso).

A conseqüência paradoxal é que não é mais preciso se perguntar "como se lança uma marca quando se é uma PME?". É a pergunta errada: a única pertinente seria "como encontrar uma inovação que crie uma participação de mercado defensável?"

Isso envolve duas condições:

– encontrar uma inovação que seja, de maneira perceptível, capaz de resolver um problema dos consumidores melhor do que as soluções existentes, com perspectivas ambiciosas de venda ou de lucro em condições de seduzir a distribuição;
– ser capaz de prevenir a imitação por concorrentes por meio de patentes, um *savoir-faire* ou relações privilegiadas com a distribuição, entre várias outras maneiras.

Uma estratégia de "empurrar". Visto que as vendas do novo produto não tomarão como base uma demanda de consumo criada pela publicidade e pela marca, elas só virão do seu desempenho nas lojas e do caráter perceptível da inovação. *De facto*, portanto, não estamos em uma estratégia "de puxar" (em que a demanda é atraída para o produto, mas em uma estratégia "de empurrar"), de chegar ao público convencendo primeiramente a distribuição, para explorar o efeito da alavanca comercial que esta fornece. É preciso, pois, direcionar a argumentação prioritariamente para o revendedor, evidentemente demonstrando-lhe que a inovação responde a um problema do consumidor, mas principalmente que ela se insere na estratégia pessoal do revendedor. Este não se interessa pelas transferências de participações de mercado entre marcas, mas deseja se diferenciar de seus concorrentes, fazer a loja viver, animá-la e valorizar cada metro quadrado. Por essa razão, a grande distribuição concentrada está à espera das inovações.

Obviamente, supomos que estejam resolvidos os consideráveis problemas industriais associados à capacidade das empresas de entregar em quantidades crescentes – sem deficiência nem ruptura – os estoques ou plataformas da grande distribuição e de fornecer as peças de reposição com prontidão, de modo que o revendedor não sofra com os atrasos quando houver consertos (os clientes insatisfeitos tendem a atribuir os atrasos à "ineficiência" do revendedor).

As inovações que estão em condições de satisfazer essas exigências são nichos. Somente nichos permitem que, no começo, as microempresas se desenvolvam em segredo e criem um segmento de mercado ao mesmo tempo em que desenvolvem suas vendas, segmento do qual se tornam referência.

Portanto, é preciso:

1. Encontrar a inovação-nicho que resolva um problema até então não resolvido – e isso de forma visível;
2. Privilegiar a ação na loja: maximizar a visibilidade (por meio de uma embalagem bastante diferenciada e auto-explicativa, de uma ampla linha, de uma ação promocional, do auxílio à venda e da formação dos vendedores);
3. Não procurar estender rápido demais a sua distribuição para além das capacidades industriais da empresa, portanto, de sua capacidade de fornecer o serviço esperado pela grande distribuição que contou primeiro com a microempresa.

Dois casos típicos. O primeiro caso é o relançamento do refresco de limão pelo novo proprietário, J.-P. Barjon. Este comprou em 1996 uma microempresa provinciana de refresco de limão, a Geyer, que era vendida exclusivamente por atacadistas. Seu volume de negócios era de 1 milhão de francos, ou seja, 0,03 por mil de um mercado em permanente queda, sem marcas, diminuído pela banalização e pelos baixos preços das marcas próprias. Em 2000, ela fez, na França, o mesmo volume de negócios que a Sprite, um dos refrigerantes da Coca-Cola. Em 2001, a Geyer abriu uma filial nos EUA para responder à demanda da Wal-Mart, o primeiro revendedor mundial, tudo isso sem gastar um centavo em publicidade. Analisemos esse caso.

Trata-se de um nicho: o refresco de limão artesanal (garrafa de vidro de 100 anos, rolha tradicional), uma "retroinovação", com uma promessa de "resgatar o gosto da sua infância". É, portanto, um produto único com valores verdadeiros, racionais, mas principalmente emocionais. Relançaram-no com a marca Lorina. Na mesma época, foram lançados X-Energy Drink e Virgin Pulp, que depois praticamente desapareceram.

O produto apresentado pelo próprio Barjon imediatamente interessou aos revendedores, que haviam aceitado se reunir a ele. A grande distribuição teve então um papel de alavanca mecânica: ela literalmente carregou a Lorina, aumentou as suas vendas e fez dela uma marca. Atualmente, a Lorina é apresentada em 700 pontos de vendas na França, isto é, 90% da distribuição ponderada, com uma enorme exposição graças a expositores específicos.

Na verdade, a Geyer criou mais do que uma inovação. Ela criou o segmento *premium,* que representa 23% da oferta de todos os refrescos de limão, mas do qual possui 85% (pois cópias de marcas próprias já foram lançadas).

O interesse da distribuição certamente se deve à inovação, que alegra e anima as lojas. Sobretudo, os dois valores fortes da marca (unicidade e autenticidade) trouxeram um posicionamento *premium* que corresponde não ao preço de custo, mas ao valor percebido: isto significa 1,9 euros por garrafa na prateleira. Obtendo margens confortáveis, a distribuição encontrou nela o seu lucro.

Essas margens não podiam deixar de atrair a cobiça das marcas próprias. De fato, existem cópias a 1,1 euro. Porém, não são rentáveis. Somente a Lorina representa a promessa do "refresco de limão artesanal" (menção legal); os outros são refrescos de limão à moda antiga. São cópias fracas que não podem se apropriar da tradição, valor central da Lorina. Além disso, a média dos clientes é de mais de 50 anos. Eles querem o verdadeiro, o autêntico.

Em 2002, a Lorina atacou o mercado dos cafés, hotéis e restaurantes, bem mais difícil, conservador e desprovido de efeito multiplicador.

Como a microempresa conseguiu entrar em contato com a Grande Distribuição? Pelo telefone. Depois, acreditando na idéia. Evidentemente, nem todos os revendedores se reuniram com a Geyer. Assim, ela ainda não negociou com a Metro (rede francesa de supermercados), apesar dos seis anos de tentativas. Em contrapartida, com os outros estabelecimentos, as portas de entrada foram atribuídas mais ao setor de *marketing* e ao setor de *sourcing* do revendedor do que ao próprio comprador. Foi assim que a marca foi notada pela Wal-Mart, cujos corredores centrais estão cheios de inovações surpreendentes. A inovação vai no sentido da estratégia dos revendedores.

O segundo caso é de um empreendedor inovador que entendeu, em 1998, antes de todos os gigantes do mercado, o desejo das mulheres atuais de criar cores excepcionais para as paredes de suas casas, imitando os efeitos especiais dos profissionais, sem precisar ser especialista. Tudo isso, evidentemente, pagando um quarto do preço de um pintor.

Ele criou uma linha de cores e ambientes, ampla e profunda, chamada "as paredes se criam". Encontra-se o nicho técnico, inovador, criador de um segmento que era inexistente.

A distribuição serviu, neste caso, como alavanca mecânica de difusão e, ao mesmo tempo, também como barreira contra os imitadores, pois a Castorama ofereceu uma visibilidade excepcional à inovação (vários metros quadrados de produtos, de demonstração) em todas as suas lojas, em troca de uma exclusividade. Depois, a empresa se expandiu para o exterior. Nas lojas, o esforço se concentra na explicação, na formação dos vendedores, na ação promocional em momentos certos. A marca também vende uma fita cassete para auxiliar os clientes e criou imediatamente um *call center* para ajudar todos os pintores amadores durante os seus trabalhos.

Os fatores-chave do sucesso. A análise dos casos das PMEs que tiveram sucesso recentemente, em um mundo de grande distribuição concentrada, revela vários fatores de sucesso. O primeiro é a própria distribuição. A grande distribuição é uma barreira para qualquer PME, consideradas as suas exigências financeiras, logísticas, técnicas, mas ao mesmo tempo também pode ser uma alavanca única de exposição aos consumidores. Nos dois casos citados, o encontro entre uma problemática de revendedor e a inovação foi a chave de uma aliança. Se a grande distribuição não está acessível, não faltam exemplos de PMEs que inovaram precisamente escolhendo outros circuitos de distribuição: citemos a Carlton, por exemplo, que começou a sua carreira de vinho espumante de pêssego vendido ao preço de um champanhe nas *delicatessens,* da mesma forma que o pastis "artesanal" da Bardoin ou o chocolate Valrhona. Mas o efeito-alavanca é menor e o retorno leva mais tempo.

Os outros fatores de sucesso estão muito próximos daqueles identificados por meu colega alemão H. Simon, em seu interessante livro *Hidden Champions*[*]. Como o seu título indica ("campeãs ocultas"), H. Simon trabalhou sobretudo em PMEs alemãs detentoras de participações de mercados dominantes. Um elemento sistemático do sucesso é a discrição, até mesmo o segredo. Também encontramos a preocupação em definir um alvo e um mercado restritos, a capacidade de adquirir uma visibilidade crescente no nível da loja pela extensão da linha, o fato de integrar muito cedo a dimensão internacional e, enfim, a capacidade de satisfazer os interesses da distribuição e, ao mesmo tempo, dos clientes finais. Quanto à comunicação, ela nasce do boca a boca associado ao caráter contagioso da inovação e à ativação das mídias através das relações com a imprensa, suscitadas por um fluxo renovado de inovações. Bem mais tarde, se for necessário, a publicidade poderá ser encarada.

---

[*]N. de R.: Publicado no Brasil pela Bookman Editora, sob o título As Campeãs Ocultas.

Parte II

OBSERVAÇÕES:
para novos modelos de marcas

Propomos aqui concentrar o foco nos novos princípios que devem, a nosso ver, obrigatoriamente governar as marcas e sua gestão operacional. Vamos detalhá-los um por um, revelando a sua intensa necessidade, as chaves da aplicação operacional, bem como casos concretos precursores.

1

Valorizar o envolvimento e a experiência diretos

Nunca se terá falado tanto de capital de marca. Em uma época em que fusões e aquisições se multiplicam, as marcas de seus portfólios continuam sendo um elemento de estabilidade e de valor necessário. Também em uma época em que o cenário da mídia se fragmenta, se virtualiza, as marcas contribuem para manter as referências dos clientes. Finalmente, na época do poder da grande distribuição, a manutenção do vínculo de fidelidade e de implicação se torna crucial, o que explica a insistência em construir agora um *marketing* chamado relacional. Se a obsessão é, enfim, pela fidelização, ela somente será duradoura se estiver baseada em uma ligação à marca, isto é, em uma vontade do cliente de manter e sustentar um vínculo duradouro, valorizando tanto seus produtos, serviços e manifestações como emissários de todos os tipos.

Diante de um ambiente mutante, no qual os executivos tradicionais são abalados, a marca continua fornecendo o amparo, a referência – talvez a única. Isso explica a importância daquilo que convém chamar de *marqueting**, ou seja, uma organização da reflexão e da ação a partir da marca e de seus valores, e não mais por técnicas separadas. As novas tecnologias e as mídias da comunicação tradicional são alguns dos vários meios que devem ser colocados em sinergia e orquestrados em prol do crescimento do capital da marca. A gestão da marca deve ser transversal.

Ora, no momento, a análise das realidades das empresas mostra que existe um forte desequilíbrio entre um excesso de reflexão interna sobre a marca e seu capital – dissecado e analisado em todos os sentidos – e o que resulta desse capital fora da empresa, onde as novas obrigações levam à sua diluição. De

---

*N. do T.: O autor faz um trocadilho entre *marque* (marca) e *marketing*.

fato, o capital de marca é hiperespecializado e idealizado *in vitro*, mas é mal conduzido *in vivo*, a partir do momento em que se sai do campo de controle da empresa. A fragmentação das *share-of-voice* (percentual relativo ao gasto total em publicidade por uma determinada categoria de produto ou serviço) nas mídias, a ascensão das marcas próprias nas prateleiras (sinal do poder da distribuição), a ausência das redes de influenciadores, fazem com que as melhores concepções estratégicas se diluam fora da empresa.

Perante esse risco de diluição permanente, não se pode mais raciocinar com concepções que limitem o estratégico à publicidade e que façam do *below the line* (abaixo da linha) território exclusivo do tático. Quando se sabe que a mídia propriamente dita agora representa, muitas vezes, menos de 40% dos gastos da marca, se compreende o caráter anacrônico dos modos de funcionamento tradicionais. O estratégico diz respeito agora a tudo aquilo que se deve chamar de cadeia de propagação de valor da marca, desde a sua saída da empresa até o seu consumo e fidelização. A problemática da diluição também levanta a questão da manutenção da energia fora da empresa, à medida que nos afastamos dela.

Sem dúvida, precisa-se de novos âmbitos de reflexão e teorização. É esse objetivo que tentamos alcançar aqui.

ENERGIZE A CADEIA DE VALOR DE SUA MARCA[1]

Repensar o modo de influência da marca. É possível administrar as marcas sem teoria? Não. O fato é que hoje em dia os diretores de *marketing* estão perplexos e não sabem mais a qual santo recorrer. Estes últimos 20 anos viram, de fato, a difusão não apenas de novas ferramentas tecnológicas, mas, na verdade, por trás delas, uma rediscussão fundamental das concepções subjacentes à gestão das marcas.

Enquanto pensávamos até aqui a ação da marca por meio do paradigma clássico AIDA e seus derivados (Atenção, Interesse, Desejo, Aquisição, Recompra, Fidelidade), as ferramentas como as bases de dados relacionais, o CRM e agora a Internet trouxeram consigo uma rediscussão desse mode-

---

[1] Desenvolvido com G. Dorget e L. de Cherisey para Ogilvy-Canaveral (Modelo Brand Energizer).

lo *marketing* de massa ou de segmento, o um a um, de indivíduo a indivíduo foi substituído, já que daqui para frente a tecnologia permite.

É preciso, então, abandonar os modelos que formaram as bases do *marketing* durante meio século? É necessário se destituir da publicidade de massa? É preciso se concentrar no *marketing* de fidelização, que se baseia no *datamining* e na relação com o cliente? Deve-se também apostar com força na Internet para construir essa relação com o cliente? É necessário ser entusiasta somente da comunicação comercial? Ou deve-se permanecer lúcido diante da tendência de todo grupo de vendedores para promover as suas tecnologias como necessárias, a fim de poder legitimá-las e vendê-las melhor? O que chamaremos de *techno-push* – ou *lobby* tecnológico –, será que não vai longe demais, com o risco de pôr em perigo o equilíbrio das marcas? Evidentemente, foi o que aconteceu em 2000 quando se anunciou o fim da "velha economia".

Sabe-se o que ocorreu em 2001. No entanto, como o fim do início não é o início do fim, a questão da integração das novas tecnologias no funcionamento da marca e de sua relação com os clientes continua atual.

Essas questões se apresentam porque os anunciantes foram um pouco reféns ou, de qualquer forma, vítimas da organização das agências. Estas se especializaram por meio de técnicas (promoção, *marketing* operacional, fidelização, RP, gerenciamento de bases de dados, *web agencies*, etc.) e, portanto, verticalizaram as suas respostas. Do ponto de vista do consumidor, **a marca é a soma das experiências vividas**. Ela é construída por meio da soma de todos os seus pontos de contato com o cliente. Percebe-se, então, como essa verticalização da oferta prejudica a integração nesse banho de coerência que é a marca. Vê-se também como é urgente não opor essas técnicas que, à sua maneira, produzem contato, mas fazê-las trabalhar em sinergia.

Os limites do modelo de ação clássico. O *marketing* tradicional abordava a gestão da marca de acordo com uma série de etapas-chave pelas quais se devia fazer o cliente real ou potencial transitar, indo da notoriedade ao conhecimento, à implicação, à preferência, à compra, à recompra. Uma coisa é certa: esse modelo clássico vacila agora diante das dificuldades maiores de aplicação prática.

Nesse esquema, o poder das verbas publicitárias servia de **big bang** inicial, cuja onda de choque energizava os consumidores, os circuitos de distribuição e os vendedores dentro da empresa. A criação tinha como objetivo envolver os clientes a partir de uma base racional ou emocional, alimentar o seu imaginário de valores. O impulso e o envolvimento vinham, portanto, antes da compra, sendo alternados depois com *displays* nas prateleiras e ações promocionais na loja.

A multiplicação dos canais e cadeias de televisão, o tempo passado pelos consumidores na Internet e a tendência generalizada ao *zapping* resultaram na fragmentação da audiência e no fracionamento de sua atenção, **enfraquecendo consideravelmente essa onda de choque inicial**. Isso se traduz em uma **diminuição da energia prévia**, seguida de **um déficit de envolvimento** entre os consumidores, muito menos mobilizados, mas também entre os revendedores.

Ora, ao mesmo tempo, os revendedores aumentam a sua autonomia, recusam o *status* de revendedor em prol daquele de comerciante, desenvolvem objetivos e estratégias que encontram uma materialização na promoção enérgica de suas marcas próprias e seus sistemas de relação com a sua clientela. Sabe-se, por exemplo, que a novíssima marca infantil da Auchan, Rik & Rok, criou em poucos meses um arquivo de mais de 250.000 mães sensíveis à visão e à proposta dessa marca. Isso explica a necessidade de as marcas conduzirem um *marketing* duplo: um dirigido para o cliente-revendedor e outro para o cliente final. As operações chamadas *trade marketing* se inscrevem em uma vontade de fazer esses dois *marketings* coincidirem. Essas novas restrições se referem também à distribuição especializada, como a Phone House na telefonia móvel ou a Norauto no fornecimento de equipamentos para automóveis. Existe, pois, a necessidade de criar um vínculo tanto com a distribuição quanto com o cliente final. As etapas de influência no *business to business* não são menos exigentes: é o caso das SSIIs[*] com os serviços de informática, por exemplo.

Considerando essa situação efetiva, a lógica da fidelização convenceu muitos marqueteiros a apostar agora muito mais no pós-venda, isto é, na retenção do cliente, tão difícil de ser conquistado. Trata-se, por meio do conhecimento do cliente, depois pelo seu reconhecimento, de servi-lo melhor, portanto, de aumentar a sua satisfação. Isso explica a multiplicação das ferramentas de *marketing* relacional e de fidelização.

Porém, novas questões apareceram recentemente. De um lado, os estudos estatísticos demonstram que penetração e fidelização estão correlacionadas: as grandes marcas têm, ao mesmo tempo, uma alta taxa de penetração e uma alta taxa de fidelidade. Portanto, não se pode desprezar o *marketing* de conquista. Por outro lado, diante da ascensão da Internet, quanto mais virtual é a promessa, mais necessário se torna fixar-se novamente no real, no sensorial, que são alavancas necessárias de envolvimen-

---

*N. do T.: Sigla para Société de Services en Ingénierie Informatique (equivale a "companhia de serviços em engenharia de computação"). Na França, designa empresas que prestam consultoria na área de Informática.

to. Finalmente, essas técnicas básicas do CRM não desenvolvem sobretudo uma fidelidade por cálculo, em um contexto de transação que permanece globalmente comercial? Um programa de milhagem faz com que gostemos da companhia aérea?

Do mesmo modo, antes de opor uns e outros, um modelo a outro, uma abordagem a outra, não estaria na hora de integrá-los? É para a tentativa desse processo "integrador" que o convidamos a seguir.

Como se cria valor hoje? A integração parte, como sempre, do cliente. Quais são as fontes de valor para um cliente hoje? São quatro: produto, serviço, informação e afinidade com os valores profundos da marca.

Parece que se esqueceu que o produto continua sendo fonte de valor em um mundo onde o estardalhaço da mídia fez da Internet o ponto ômega de toda evolução – e da interconexão relacional – um fim em si. O baque sofrido pelas empresas "pontocom" prova o valor persistente do *marketing* tradicional. Efetivamente, todos os dias consumidores continuam adotando novos produtos, deixam-se levar por esse novo modelo de carro, aquele novo celular, um novo prato congelado ou um batom... O serviço também continua sendo uma alavanca de deslocamento das participações de mercado: isso pode ser observado na concorrência entre as companhias aéreas, bancos, seguradoras, companhias telefônicas ou lojas virtuais – e entre as lojas de conveniência também!

A Internet revelou a potência da informação como fonte de valor: é verdade que por meio dessa mídia se tem acesso, enfim, à informação sob medida a um custo tido como nulo e sem esforços. Para se informar sobre os automóveis, suas características, tarifas, melhores taxas, 60% dos americanos recorrem à Internet, mesmo se nos dias de hoje apenas 2% compram por meio dessa mídia. Não estar nela é estar ausente do processo de decisão de compra AIDA no nível de sua segunda etapa (interesse), por não responder às questões que esse interesse estimula no consumidor.

Finalmente, a fidelidade que todas as marcas querem criar não poderia ser meramente calculada. Além da satisfação produzida por uma prestação de serviço de qualidade, a fidelidade real é um vínculo emocional alimentado por uma afinidade, um acordo de valores entre a marca e o cliente.

É exatamente a união dessas quatro fontes de valor que constrói a potência da marca e sua eficácia, como atesta o exemplo da Orange, que soube desenvolver no mercado da telefonia uma afinidade particular com o público.

Uma alavanca da marca: a cadeia de propagação e ampliação de seu valor. Como os valores descritos acima chegam ao cliente?

Por meio de uma cadeia de propagação desse valor, uma rede construída da interconexão entre:

– a publicidade/mídia;
– a Internet;
– os revendedores;
– os influenciadores;
– as comunidades/grupos;
– os locais de convivência;
– o próprio cliente.

Como se pode observar, a mistura de vetores e pessoas atesta o fato de que as pessoas também são vetores de comunicação.

Cruzando as quatro fontes de valor da marca e os elos dessa cadeia que, por analogia, se poderia qualificar de "gasoduto dos valores da marca", a questão de sua energização é, então, levantada. Assim como nos gasodutos, a energia é reintroduzida ao longo deles para manter a pressão. Dessa forma, convém se perguntar: a cadeia de propagação do valor da marca está bem energizada? Não há perda de envolvimento ao longo dela?

No modelo clássico do *marketing,* a energização vem antes da compra, por meio da potência das mídias, do investimento publicitário e do impacto da criação publicitária. Sabe-se que as realidades da fragmentação das cadeias e da atenção do cliente agridem esse modelo, a menos que se queira investir ainda mais em orçamentos de mídia e em GRP.

Hoje em dia, **não existe outra solução a não ser a energização no pós-venda**, no ponto em que a marca é construída, em contato com o cliente; é aí que reside um filão potencial de envolvimento, implicação esta que é responsável pelas fidelidades e vínculos duradouros.

Os caminhos do novo envolvimento. Um dos grandes teóricos do envolvimento dos consumidores em uma marca, Herbert Krugman, a definia e media pelo número de "conexões" que eles faziam mentalmente entre a sua vida e esta ou aquela marca. Na medida em que atualmente esse envolvimento está decrescendo pela pressão do ambiente, é preciso inverter essa equação e construir essas conexões por si sós, em todos os lugares onde isso é possível, se aproximando, portanto, dos locais de convivência dos alvos e outros agentes da cadeia de valor. A marca não é efetivamente a soma das experiências feitas com ela por seus clientes ao longo de sua cadeia de propagação? Mas por quais alavancas, em quais momentos e de que maneiras? Para responder, é necessário um desvio pelas ciências humanas.

Item 1: só existem opiniões coletivas

Uma das omissões do modelo de *marketing* de massa é que as opiniões são coletivas. Não é porque nas sondagens e pesquisas os consumidores falam na primeira pessoa e dizem "eu gosto, eu penso, eu acho, etc.", que se deve acreditar neles. Os dados sociológicos nos lembram que a opinião pode ser expressa assim, mas é formada coletivamente: cada um está ligado a uma rede informal de influência, a líderes de opinião temáticos. São, *de facto*, membros da cadeia de valor da marca. São eles também que se deve energizar, envolver, além dos distribuidores e vendedores.

Item 2: comunidades virtuais, mas também comunidades reais

Deve-se reconhecer que a Internet revelou a importância das comunidades e, portanto, do "comum", em torno de interesses e valores compartilhados. As comunidades virtuais são lugares de trocas e liberdade, zonas em que a interatividade floresce. Um detalhe, entretanto, deve ser mencionado. A Internet insiste apenas nas comunidades virtuais, à distância. O problema da marca não está unicamente em seduzir essas comunidades, mas também em energizar as comunidades reais, aquelas que estarão em contato com o cliente e podem carregar a marca, contanto que elas mesmas estejam energizadas. É preciso envolvê-las também.

Item 3: o melhor predicador do comportamento continua sendo o comportamento

A Internet é um hino à interação total. Porém, para interagir, é preciso ter vontade para isso. Para dar a "permissão", é necessário desejar se abrir à marca, aos seus representantes, suas comunidades. O *marketing um a um* requer um processo seletivo. Portanto, deve-se, previamente, passar esse filtro, esse obstáculo, conseguir essa famosa permissão.

O meio para acelerar esse processo é expor diretamente os consumidores aos valores da marca, implicando-os pessoal e "comportamentalmente". Na visão clássica do *marketing*, espera-se que as atitudes dos clientes (gosto/não gosto) se transformem em comportamento. Ora, isso leva tempo e o sucesso não é garantido.

Invertendo a lógica, a energia é aplicada para criar primeiramente um comportamento. Além disso, este sempre deixa um traço memorial mais duradouro. É, portanto, um passo decisivo na direção da fidelização. Todas as companhias de venda por correspondência bem sabem: o melhor predicador do comportamento é o próprio comportamento. Principalmente se esse comportamento compromete publicamente o consumidor, o que a Internet não faz. Portanto, deve-se procurar constantemente fazer agir as diferentes partes ao longo da cadeia de propagação de valor da marca.

Item 4: não há envolvimento melhor do que o envolvimento público

A psicologia do envolvimento (em inglês, *personal commitment*) mostrou há muito tempo que as opiniões expressas em público, mesmo que tenham sido emitidas sem crédito, tendiam a se estabilizar e a perdurar. Tudo se passa como se a expressão pública ou as ações públicas comprometessem e se tornassem integradas ao sistema de crenças do consumidor. Assim, não existe envolvimento melhor do que o envolvimento comportamental e coletivo.

Item 5: toda marca é marca comunitária

As marcas modernas devem agora ser concebidas como marcas comunitárias.
De fato, elas precisam das outras para levar seus produtos, serviços, informações e valores. Evidentemente, a Internet, a publicidade ou o *marketing* direto também têm, em parte, esse poder: mas falta uma dose fundamental de envolvimento afetivo. Ademais, o envolvimento ideal se situa nos pontos de contato com os clientes. Os mercados são efetivamente – esquece-se muito disso –, antes de mais nada, conversas que devem ser alimentadas, suscitadas, animadas, energizadas. Entre a publicidade de massa – ainda necessária para criar imaginários coletivos e notoriedades compartilhadas – e o *marketing* um a um, certamente individual e interativo, mas apesar de tudo virtual e distante, a problemática das marcas envolve a mobilização, a energização dessas comunidades reais ou virtuais que fazem parte da cadeia de valores e relacionam-se permanentemente com os clientes.
Uma nova perspectiva para as marcas. Hoje, a marca não procura mais apenas acumular contatos, mas **contatos envolventes**. A lógica de energização da marca parte do pós-venda, dos locais de convivência do alvo e de suas expectativas, em todos os lugares em que o contato com a marca se constitui concretamente. Consiste em criar envolvimento duradouro, conectando-se por conta própria à vida de seus alvos e mobilizando todos os agentes da cadeia de valor para que não continuem como espectadores, mas se tornem agentes.

Como acabamos de ver, para produzir uma verdadeira afinidade e preferência, satisfação, é preciso ampliar o raio de ação e o desempenho da marca nos diferentes pontos de contato com os seus públicos ao longo da cadeia de valor, pois, quanto mais próxima a marca está de seus pólos comerciais, influenciadores, consumidores, mais eficaz ela é. Isso leva a encarar a marca e a sua gestão sob uma nova perspectiva.

Favorecer as "conversas" entre comunidades. A Internet revelou a dimensão oculta, até mesmo esquecida, dos mercados: as conversas. Essa dimensão estrutural havia desaparecido dos grandes estabelecimentos, nos quais os compradores anônimos e apressados que empurram seus carrinhos se cruzam, mas nunca falam com os outros clientes. A "conversa" entre clientes ou entre comunidades agora se tornou possível pela Internet. Contudo, além dessa troca de informações que a rede permite, falta criar o envolvimento afetivo duradouro, que energize a cadeia de valores.

Para tanto, o papel da gestão de marcas é criar e animar os **cruzamentos dos mercados**, através dos quais as comunidades poderão interagir publicamente e, portanto, envolver-se com os clientes finais, com o apoio da marca e seus valores.

Entre o *marketing* de massa e o *marketing* um a um: a energização da marca. Cada nova técnica ou tecnologia tende a se apresentar como aquela que torna todas as outras obsoletas e merece, portanto, a essência dos investimentos das marcas. Esse desgoverno comercial imperialista é particularmente praticado hoje: o *techno-push* dos prestadores de serviço de Internet criou, assim, a expressão "nova economia" para acelerar a obsolescência percebida das outras alavancas da gestão de marcas. É preciso manter a cabeça fria.

A energização da cadeia de valor sempre precisa de um banho de notoriedade e de imagens coletivas. Consumir uma marca é emitir sentido. É necessário então que esse sentido seja conhecido em torno de si, senão a mensagem não poderá ser decodificada. É por isso que se precisa dessa ferramenta de difusão do sentido coletivo que é a publicidade: ela é uma alavanca insubstituível de aceleração de notoriedade e de criação de imaginários coletivos. Evidentemente, os custos crescentes que resultam da fragmentação dos canais e do *zapping* levam a reconhecer os limites de um investimento ainda crescente no pré-venda.

O *marketing* um a um, no pós-venda, requer o desejo de interação. Existe muita oferta e demanda. Não se pode interagir com todos. O que vem antes do um a um é o *marketing* de proximidade (ou *together marketing*), que visa a ativar a cadeia de valores, mobilizando as comunidades de interesse que participam dela e, sobretudo, fazendo-as interagir entre si publicamente. Entre o *marketing* de massa ou o segmentado e o um a um, o objetivo é criar e manter os envolvimentos coletivos.

Aplicação prática operacional da energização. A mobilização da cadeia de valor é uma necessidade para a maioria das marcas. Elas dependem, de fato, de uma cadeia de influência, que implique comunidades formais (profissionais) ou informais, e até mesmo virtuais. Não se passa do *marketing* de massa ao *marketing* um a um sem a etapa necessária da energização dessa cadeia.

Os conceitos-chave dessa tomada de consciência são: proximidade e comprometimento. Deve-se legitimar e expandir os valores da marca nos locais de convivência. A marca se aperfeiçoa no contato com a vida real.

Os princípios-chave que baseiam a ação se dividem em quatro:

1. É preciso focalizar a energia da marca no pós-venda, nos pontos de contato com os clientes.
2. É preciso envolver "comportamentalmente" as comunidades.
3. É preciso suscitar comprometimentos públicos entre comunidades.
4. É preciso, pois, animar, até mesmo suscitar momentos de "conversa" entre comunidades, pontos de encontro na cadeia de influência.

Em um plano operacional, isso leva a várias questões fundamentais:

– onde focalizar a energia do pós-venda?
– quais comunidades envolver?
– como fazê-las interagir entre si? Em qual circunstância e lugar?
– qual(is) fonte(s) de valor da marca a interação deve envolver? O produto, o serviço, a informação ou os valores fundamentais da marca?
– quais são os objetivos visados?

O cruzamento dos objetivos visados (notoriedade, interesse, ação, fidelização) com os elos da cadeia de influência permite estabelecer uma primeira matriz de ação estratégica. O mesmo acontece com o cruzamento entre as fontes de valor envolvidas e esses mesmos elos que devem ser energizados.

DESENVOLVA PRIMEIRO A MARCA DENTRO DA EMPRESA

Dois eventos de marca chamaram a atenção dos mercados recentemente. No dia 21 de junho de 2001, a France Telecom abandonava todas as suas marcas de telefonia móvel, construídas com talento e muitas centenas de milhões de francos de publicidade desde 1990, em prol da Orange, marca única, européia por enquanto. Também em 2001, aparecia a nova assinatura mundial da Renault, que traduzia uma mudança significativa de posicionamento da marca, desde os "carros para viver", *slogan* que remontava a 1984.

Nos dois casos, esses movimentos correspondiam, na verdade, a uma completa redefinição da estratégia, em resposta à evolução dos mercados. No caso da Orange, a extinção das marcas assinalava o fim da era da conquista e a passagem à lógica de fidelização e, principalmente, de valorização do cliente, lógica que a política multimarcas anterior havia desfavorecido. Com efeito, as marcas (Ola, Loft, Mobicarte) eram apenas a expressão externa de uma verticalização dos processos internos, técnicas, bases de dados. Por isso, quando um cliente passava da Mobicarte à Ola, ele devia mudar seu número de telefone!

O segundo motivo dessa mudança de marca era a mudança de natureza do mercado: o futuro está nos conteúdos, na multimídia. Era preciso, pois, marcar uma ruptura.

No caso da Renault, o *slogan* anterior correspondia aos valores de *cocooning* dos anos 80, ao passo que os anos 90 vêem ascender novamente os valores masculinos e empresariais. Ademais, falar em "carros para viver" era distanciar-se das essências do "automóvel" com as suas noções de direção, sensações e prazeres. É o que a Peugeot já havia sentido com muita força e que, quatro anos antes, havia escolhido uma assinatura publicitária mundial, traduzindo seu novo eixo de desenvolvimento estratégico: "Para que o automóvel seja sempre um prazer", revitalizando assim a sua identidade profunda, com o impacto e o sucesso que é conhecido (cf. Parte 1 Capítulo 3).

Vender uma nova identidade: o caso Renault. O que é a estratégia senão uma idéia que se transforma em ação? Seja na France Telecom, grande empresa de serviços, ou na Renault, grande montadora de automóveis, a ação envolve as pessoas, antes de qualquer coisa. A marca deve ser vivida internamente se quiser ser compartilhada com os mercados. Cada um representa a marca em todos os pontos de contato com os clientes, fornecedores e revendedores. A energização desses contatos passa, portanto, por dentro da empresa.

Não será surpresa se ficarmos sabendo que, na Renault, todo o ano de 2000 e parte do ano de 2001 foram dedicados ao trabalho de expansão interna da marca em todas as redes, dentro da empresa e em todos os países. Uma direção da expansão da marca foi criada, com um campo de ação transversal a toda a empresa. Não se pode participar da evolução da marca nova se não se compreende as motivações, a missão, a visão, os valores, a personalidade. Uma nova carta da marca elaborou a pedra fundadora da nova estratégia. Porém, ela é feita apenas de palavras que devem ser explicadas, explicitadas, sensibilizadas se tiverem de produzir comportamentos diferentes em todas as divisões da empresa (as seguintes divisões: produto, *design*, serviços de rede, *sites* na Internet e todas as filiais estrangeiras). Por exemplo, tomando os três traços da nova personalidade da marca (visionária, calorosa, audaciosa), é significativo que, para um português, "visionário" queira dizer ter visões no sentido religioso do termo. Quanto a "caloroso", na Itália, significa "estar suando". Portanto, não são os termos que devem ser veiculados, mas os conceitos, suas motivações e implicações.

Por essa razão, 1.100 pessoas das direções de comunicação foram formadas em 2000 e 500 em 2001, por meio dos fóruns de sensibilização de meio turno. Duas mil e oitocentas pessoas das filiais comerciais estrangeiras também foram formadas em 2000. Durante uma convenção maior sobre a nova identidade da marca, em setembro de 2000, 30.000 pessoas da rede comercial receberam uma formação aprofundada. Finalmente, a generalização nas outras funções foi feita por meio de um programa, "Ambassadeurs" ("Embaixadores"), envolvendo 78.000 pessoas em 2001 e 2002. Por exemplo, na fábrica, uma ação promocional explicativa foi instalada entre a cadeia de fabricação e a cantina.

O caso da Orange é idêntico, exceto por ter sido operado em tempo menor. Passar à marca Orange é colocar o conjunto do Grupo France Telecom em cultura comum nessas novas bases. É também desenvolver uma pesquisa sistemática de sinergias, até então ausente. Quem quer marca única para o cliente, quer empresa fluida, unitária, reativa. Pouco lhe importam as denominações internas, as divisões. Portanto, seria impossível promover essa mudança de marca se a empresa não estivesse culturalmente sintonizada por dentro. Para fazê-lo, instituiu-se uma estrutura de gestão de marca muito forte, com relação direta aos chefes das divisões operacionais. Na primavera de 2001, a campanha "Vamos viver Orange" se expandiu por toda a empresa: 10.000 pessoas aprenderam como vivenciar e comunicar as promessas da marca (dinamismo, simplicidade, responsabilidade). Dos 300 milhões de francos investidos na mudança da marca, metade correspondeu a ações internas, tanto junto à empresa France Telecom como ao conjunto das lojas, revendedores, butiques, quiosques, hipermercados, grandes estabelecimentos especializados, etc.

Um termômetro social foi criado internamente, medindo em 1.000 pessoas a progressão do "Vamos viver Orange". Não se trata tanto do menor dos efeitos desse processo que visa a "vivenciar" a marca, mas de modificar as próprias relações hierárquicas, em direção a uma simplicidade maior, ou seja, o valor principal da marca.

O *marketing* das experiências diretas. O novo destaque feito pelas marcas no interior da empresa traduz uma evolução de sua consciência. As marcas são construídas por meio da experiência: experiência de consumo, evidentemente, mas também das experiências que acontecem nos pontos de contatos, como a publicidade, as lojas, os serviços pós-venda, os *sites* na Internet, os *call centers*, as manifestações de *sponsoring*, os encontros diretos ou ações promocionais. Estamos, *de facto,* em um "*marketing* experiencial", para parafrasear uma excelente obra[2]. É neste sentido que repetimos muitas vezes que, em matéria de marcas, a experiência precede a essência. Nesses múltiplos pontos de contatos, o acúmulo de experiências vividas pelos clientes e pelos clientes potenciais modela a sua representação da marca.

Administrar a marca é dar sentido a essas experiências. Esse sentido pode ser difundido por meio da comunicação, mas deve ser reforçado a cada interação. É significativo que os *designers* do novo *site* da Renault tenham partido da pirâmide da marca, modelo da nova cartilha da marca. Para eles, quer se trate dos novos carros que representam o projeto, quer se trate do *site* ou da interação em concessão, tudo deve ser pensado em função da marca e de seu novo projeto.

Considerada a importância do fator humano na expansão das marcas fora das prateleiras das lojas, deve-se encarar esse fator na capacidade da marca de cumprir suas promessas. O objetivo não é criar um molde, como faz a Big Blue ou o McDonald's, mas deixar toda autonomia decisória às pessoas, contanto que a exerçam com os valores da marca em mente. Somente o resultado conta. Não se trata de lhes dizer o que fazer, mas aonde a marca quer chegar, quais valores ela quer desenvolver nos e com seus clientes.

FAÇA AS SUAS LOJAS FALAREM

Uma tendência duradoura se instalou no mundo das marcas: a necessidade de dispor de lugares nos quais a marca seja soberana. Não se trata, no entanto, de um problema de poder, de ser, enfim, o mestre em casa (en-

---

[2] IND, N. *Living The Brand*. Londres e Nova York: Kogan Page, 2001.

quanto a marca é mal conduzida na grande distribuição e, às vezes, até na distribuição multimarcas), mas de um problema de fala.

As manifestações dessa tendência têm como representantes a Virgin Megastore, a Nike Town, a House of Ralph Lauren em Londres, as Salomon Stations junto às pistas de esqui ou surfe. Porém, isso também se traduz pela reabertura do Pub Renault em torno da nova identidade da Renault e do Club Med World.

Para ser honesto, essa corrente também deve integrar os processos históricos das marcas de champanhe que abrem visitas às suas *maisons* (no sentido de "casa" mesmo) em Champagne, como o Whiskey Jameson na Irlanda, que reconstruiu o mítico Jameson Heritage Center, ou finalmente como a Roquefort Société, que fidelizou por toda a vida todo visitante de suas extraordinárias *caves* no Combalou.

Enfim, expressar-se completamente! Por que existe essa tendência básica que toca até mesmo aqueles que não se esperava? Assim, Luciano Benetton não declarou recentemente que a sua marca tinha butiques demais e poucas grandes "naves-mães"? Várias causas tornam essa abordagem inevitável. Algumas já são bem-conhecidas, outras o são bem menos.

Sabe-se que as grandes marcas são mal conduzidas pela grande distribuição. Todo o *savoir-faire* das marcas se transforma em simples produtos alinhados em prateleiras. Todas as coerências pacientemente construídas dentro das linhas, entre as coleções, no meio das categorias se desmancham nas lojas e os compradores da distribuição ciscam aqui e ali nos catálogos dos fabricantes, fazendo estilhaçar a lisibilidade da oferta das marcas. Em geral, a grande distribuição concentrada se recusa a organizar as prateleiras por marca, ainda que haja exceções como a Sephora ou as *shops in the shop* e os quiosques das grandes lojas. Há, portanto, uma necessidade de expressar concretamente todo o *savoir-faire* das marcas, expressar a coerência de seus projetos, bem como todas as suas ofertas em suas riquezas. Se a indústria têxtil encontra na franquia um meio fácil de corresponder em parte a esses problemas, distribuindo diretamente, o mesmo não ocorre com as marcas da grande distribuição, devido ao modelo econômico.

O segundo fator, consequência do primeiro, é a necessidade de multiplicar os encontros diretos com o público visado. Essa busca pelo contato direto não visa tanto a vender os próprios produtos (nas Salomon Stations não se vende nada), mas a estabelecer um diálogo, compartilhar valores, centros de interesses comuns. O momento é do *marketing* relacional. Criar um vínculo duradouro torna-se o eixo estratégico das marcas. Cada grande marca é efetivamente uma história, um projeto, uma visão, valores, um *savoir-faire*, todos criadores de valor junto aos consumidores. Devemos reconhecer que a publicidade não pode tudo: ela vende. É necessário um lugar para revelar toda a profundidade da marca. Esse lugar pode evidentemente ser virtual e isso explica os investimentos nos *sites* de marcas cada vez mais envolventes. Entretanto, o *marketing* experiencial precisa de todos os sentidos: somente um lugar de marca pode expor a marca em todas as suas dimensões.

O terceiro fator é a necessidade de fidelizar. Ora, nada é mais fidelizante do que uma experiência memorável. Passar meia hora em uma Nike Town dá uma visão da marca que nenhum par de tênis ou *spot* na TV podem dar. Mesmo entre os anti-Nike ou os indiferentes: lá, descobre-se, na verdade, como uma verdadeira mística do esporte se materializa nos produtos, na inovação, em campeões. Evidentemente, vende-se na Nike Town, mas os estudos mostram que 70% dos 30% de visitantes que não compram recompram em loja nas semanas seguintes.

Em compensação, essas são mídias pouco potentes, no sentido em que os analistas da mídia entendem: a capacidade da mídia de tocar um número muito grande de pessoas. Nesse aspecto, a publicidade é imbatível: seu custo pelo contato continua sendo o mais baixo. Mas não é a mesma qualidade de contato. O objetivo das *megastores* e outros processos semelhantes é instaurar o boato, alimentar o boca a boca, criando prosélitos convencidos por aquilo que viram durante 10, 15 ou 20 minutos. Sentiram-se bem na Nike ou na Salomon, ou para ser mais preciso, com a Nike ou com a Salomon. Esses consumidores vão desempenhar o papel de apoio e manter o *buzz*, palavra da moda para denominar o boato. Eles foram iniciados em um lugar de marca e têm o comportamento de todos os "iniciados": difundir a fala certa, compartilhar suas emoções. Tornam-se líderes de opinião locais, agindo profundamente em sua rede social, seu grupo, sua comunidade. O Jameson Heritage Center, na Irlanda, mediu dessa forma não apenas a taxa de fidelidade dos visitantes estrangeiros recentemente convertidos do *scotch* ao uísque irlandês, mas também o seu efeito "mediativo", sua capacidade de substituir o discurso da marca pela superioridade do uísque irlandês, que, de acordo com o boato, teria sido o verdadeiro criador do uísque.

Um precursor: a Virgin Megastore. Para serem impactantes, os lugares de marcas devem criar emoções duradouras. Devem ser 150% dedicados aos valores da marca. Devem narrar a marca. Isso possui uma conseqüência importante: o custo. De fato, é preciso que as *megastores* estejam em localizações-chave e de qualidade (como a Virgin, na Champs-Élysées), que tenham um tamanho relacionado com a ambição e a vontade de expandir todo o discurso e a oferta da marca. É preciso também funcionários de qualidade e em grande número para criar o diálogo, ouvir, estar a serviço.

É por isso que, em um determinado país, não se pode ter muitas *megastores*. A Virgin passou por essa experiência. As rentabilidades das *megastores* de Bordeaux e Marselha não chegaram aonde se queria. Porém, a experiência da Virgin revela que, na realidade, exatamente como um porta-aviões, uma *megastore* não deve ser duplicada, deve ser cercada. É por isso que, antes do acordo com o Grupo Lagardère, faltava à Virgin na França uma rede nacional de 50 lojas Virgin, menores (e, portanto, rentáveis) tirando proveito do efeito de imagem e de boca a boca da *megastore* da Champs-Élysées. Contrariamente, a rede Extrapole, criada pela Lagardère, era cruelmente deficiente, não apenas no que se referia a uma verdadeira grande marca (a Extrapole era uma marca recente, portanto pouco emocional), mas também a uma *megastore*. A aliança estratégica entre a Virgin e a Extrapole permitiu corresponder às expectativas de Branson e Lagardère. O primeiro queria revender, como de costume; o segundo desejava adquirir finalmente a massa crítica para concorrer com a Fnac.

Estruturalmente, é a mesma lógica que levou Luciano Benetton a anunciar a criação de 100 *megastores* até o final de 2002 e a redução do número – realmente considerável – de suas lojas franqueadas (atualmente 5.500 espalhadas em 120 países). A marca Lacoste, por sua vez, abrirá em 2002 uma primeira *global store*. Evidentemente, uma *global store* não é, nem em tamanho nem em investimento, uma *megastore*, mas a lógica da decisão continua a mesma. De fato, sendo pequenas demais em superfície média, as butiques Lacoste do mundo inteiro não podem levar toda a oferta dessa grande marca, nem as suas novas coleções, nem a oferta feminina, nem as extensões. Privilegiando aquilo que se vende (a famosa camisa mítica 12 x 12), os pequenos estabelecimentos congelam a imagem da marca e limitam a sua expansão. A imagem é, assim, feita por meio do pós-venda, das decisões dos franqueados. As butiques não expressam muito a marca, que não pára de evoluir para melhor corresponder às tendências dos clientes e à sua diversidade.

Guinada estratégica na Benetton. Vamos analisar detalhadamente a conduta da Benetton. Quais são as constatações na origem de sua guinada estratégica em matéria de distribuição?

– De um lado, a rentabilidade de uma loja cresce com o seu tamanho. Quando mais oferta oferece mais clientela atrai.

- Em segundo lugar, quanto mais uma loja cresce em tamanho, mais ela pode se dar conta da riqueza da oferta e, assim, portanto, da realidade da marca, de sua amplitude, de suas segmentações de coleções.
- Finalmente – e mais importante –, as *megastores* da Benetton serão dirigidas diretamente pela Benetton, rompendo assim com um dos dogmas da empresa, que até então apostava totalmente na franquia. Na verdade, essa política transformava o franqueado em mestre do sortimento e, portanto, *de facto* o decisor da imagem da marca em um plano local. Ademais, aproximadamente 20% dos produtos eram "customizados", para satisfazer as exigências locais (por exemplo, cores específicas para o Oriente Médio). Para que as lojas representassem bem a marca e a reforçassem, desse modo, em um plano mundial, seria necessária uma uniformidade do sortimento em loja de uma cidade a outra, de um país a outro. A Benetton decidiu, portanto, não diferenciar mais do que unicamente 5 a 10% de suas coleções, talvez antecedendo uma política de afiliação progressiva, que faria da empresa a detentora (portanto, a decisora) dos estoques nas diversas lojas.

Quanto às *megastores*, serão comandadas diretamente, pois a sua rentabilização envolveria uma margem integrada. Como estão situadas nas melhores localizações da cidades, portanto de aluguéis mais caros, a rentabilidade das *megastores* de mais de 10.000 *square feet* (*vs.* 1.200 *square feet* para uma loja normal da Benetton) não pode ser obtida apenas por meio da margem de varejo. Nenhum franqueado ousaria fazer esse investimento sem expectativa de rentabilidade. Acumulando a margem de atacado e de varejo, a lógica de integração dessas *megastores* pela Benetton torna o processo possível. Feito isso, a Benetton pode também influir no sortimento das lojas circundantes, franqueadas clássicas, que não poderiam ter uma oferta diferente daquela da "nave-mãe".

Finalmente, e está aí um dos últimos sentidos de "faça as lojas falarem", a administração direta permite acelerar o *feedback* do mercado com uma confiabilidade total. O posicionamento "moda abordável" da Benetton exige um acompanhamento muito reativo das menores reações do mercado, das tendências emergentes. Para ser mais reativa, a Benetton reduziu o número de produtos (variantes) propostos em cada uma de suas coleções e propõe a todo momento minicoleções relâmpago para captar a moda do momento, fazer testes concretos. As 100 megastores projetadas até o fim de 2002 serão captadoras fiéis da sensibilidade de um mercado que evolui muito. A Benetton as fará falar em nome do mercado, a fim de tornar a marca ainda mais pertinente pelo aspecto atualizado de sua oferta.

VÁ ATÉ O CLIENTE

Diante de circuitos de distribuição saturados e hipercompetitivos – e nos quais a marca não tem a liberdade de agir –, se assiste a um movimento importante que consiste em diversificar de forma radical a abordagem dos clientes.

Recentemente, a direção da Barilla, a célebre marca de massas italianas que busca obter a liderança do mercado europeu, anunciava o seu desejo de abrir 1.000 restaurantes em seu nome na Europa. No momento em que este livro estava sendo escrito, o restaurante Lustucru da Praça da Bastilha abria suas portas. A Maggi espera fazer o mesmo.

A Fleury Michon inova na matéria. Uma notável precursora foi a Fleury Michon, a inovadora PME francesa. Essa empresa, herança de uma tradição de embutidos de qualidade e do bom-gosto à francesa, deu uma guinada radical por estar inovando há mais de 15 anos. A Fleury Michon lançou no mercado a comida pronta feita a vácuo* na França. Essa inovação visava a substituir o congelado, então dominado pela Nestlé (Findus), levando uma qualidade de sabor e uma praticidade significativamente melhores. A Danone rapidamente pegou carona na onda da Fleury Michon, com a sua marca Marie, agora vendida para um banco devido à "recentralização".

Porém, ao observar a penetração ainda lenta da categoria da comida pronta feita a vácuo na categoria de comida fresca, pela ausência de concorrentes reais para animar o mercado (as marcas de distribuidor existem, mas não entusiasmam o mercado), a líder Fleury Michon tomou uma nova decisão radical em 1999. Enquanto líder, estava incumbida de continuar a sua missão de desenvolvimento do hábito da comida pronta feita a vácuo. Da mesma forma, a empresa abriu em 2.000 dois restaurantes-teste particularmente inovadores, um no interior da França e o outro em Paris, que rapidamente se tornaram um sucesso.

Por menos de 7,6 euros, o consumidor pode ter uma refeição completa de qualidade, sobremesa e bebida incluídas, servida à mesa. Basta que os atendentes esquentem um dos pratos prontos da Fleury Michon expos-

---

*N. do T.: Tal tipo de comida envolve o vácuo já na preparação, o que reduz os riscos de contaminação e preserva o estado natural do alimento.

tos, dentro da linha oferecida para os clientes do restaurante. Quanto às entradas, elas também são da linha de comida fresca da Fleury Michon. Além disso, ainda com a mesma lógica, a Fleury Michon espera lançar minirestaurantes automáticos nas empresas de tamanho médio que não possuem restaurante.

A grande marca de café Lavazza, por sua vez, convenceu a Compagnie des Wagons-Lits a instalar distribuidores Lavazza nos trens.

Uma conduta de múltiplos benefícios. Esse movimento fundamental não corresponde, como dissemos rapidamente, ao desejo de "duplicar" a distribuição. Por seu tamanho e seu peso no sistema comercial francês, a grande distribuição continua sendo interlocutora privilegiada de referência. Porém, em vez de esperar que os consumidores vão aonde estão, é hora de as marcas irem até o consumidor para encontrá-lo diretamente e servi-lo.

Essa busca por proximidade pode ter vários objetivos, cada um determinando, aliás, a estratégia e os meios trabalhados:

- encontrar uma real saída complementar significativa para explorar as capacidades de produção que estiverem em excesso;
- acelerar a tentativa de inovações. Foi assim que a Procter & Gamble fez amplo uso das lojas de conveniência para dar amostras e vender a sua revolucionária bebida vitaminada Sunny Delight;
- desenvolver o mercado de forma significativa, dando uma melhor visibilidade à oferta e enobrecendo-a: parece ser o objetivo da Fleury Michon;
- aumentar o volume *per capita* e a taxa de sustentação por meio da disponibilização do produto na proximidade do desejo, transformando o próprio produto visível no fator de impulso. A facilidade de acesso é a força secreta da Coca-Cola. Em breve, não existirá mais nenhum lugar coletivo sem um refrigerador da Coca-Cola, grande ou pequeno, de acordo com os usos. A Coca-Cola, como dizia Roberto Goizueta, o falecido presidente da empresa, deve estar ao alcance das mãos de todos os consumidores do mundo (*at hand's reach*). É o que acontece agora. Uma coisa interessante é que a visão da bebida serve como indutor de comportamento. Bebemos Coca-Cola não porque temos sede, mas porque a vemos, e basta esticar a mão. De tanto bebê-la, preferimos, então, o seu sabor;
- fornecer um acelerador de volume e lucratividade. De fato, a sensibilidade ao preço está muito ligada ao circuito de distribuição e ao formato. Por exemplo, nos refrigerantes, ela diminui de maneira consi-

derável a partir do momento em que se está fora do domicílio e em formato pequeno;
- o reforço da imagem é, enfim, uma das repercussões desse processo. Restaurantes como o da Lustucru parecem se inscrever nela. Ademais, as pessoas que freqüentam a Bastilha são tão mais jovens quanto a idade média do cliente-tipo e constituem uma categoria mais próxima dos líderes de opinião.

Que marca deve acompanhar esse movimento? Durante uma conduta estratégica como essa, rapidamente é levantada a questão a respeito da marca a ser usada. Deve-se mencionar, por exemplo, os restaurantes Lustucru? Qual é o papel da marca Fleury Michon em seu conceito revolucionário de restaurantes práticos, pouco onerosos mas tão qualitativos?

Se o pragmatismo domina, bem como a capacidade de reagir prontamente em função dos primeiros resultados, é preciso, para guiar a ação, se limitar aos objetivos e hierarquizá-los claramente. Se buscamos, antes de tudo, o objetivo de imagem, a marca deve se expor fortemente. Se buscamos criar uma verdadeira *business unit*, é preciso respeitar as regras da categoria, da mesma forma que toda extensão de marca (cf. Parte 1, Capítulo 3), a fim de garantir o desenrolar do conceito e sua rentabilidade.

Uma ilustração do problema de marca é fornecida pela extensão da grande distribuição no serviço a domicílio via Internet. Como veremos, respostas diferentes foram trazidas por marcas de referência diferentes. As condições de mercado não são as mesmas entre aquela que inova e aquela que se junta ao movimento. Por outro lado, a estratégia não é a arte da diferença?

Hipermercados e comércio eletrônico: capitalizar sobre sua marca? Será coincidência? No mesmo dia em que Jeff Bezos veio em pessoa à França lançar a sua versão local Amazon.fr, a direção da Auchan anunciava um investimento de vários bilhões de francos na Auchan Interactive e, dentro dessa soma, um bilhão e meio para a venda *online* de produtos alimentícios, começando com 4.500 itens para chegar brevemente a 10.000.

Essa novidade em si poderia ser apenas história. Afinal de contas, bem antes da Auchan, Casino, Carrefour e Cora já haviam anunciado investimentos semelhantes na Internet. A Auchan estaria apenas cobrindo o seu atraso? Globalmente, isso significava, no mínimo, que a grande distribuição levava a Internet a sério e tinha de fazer dela uma parte integrante de sua estratégia dirigida para a satisfação dos clientes. A Auchan não estava anunciando a intenção de fazer de seus cibermercados a fonte de 5% de seu volume de negócios daqui a cinco anos? Sabe-se que, na Internet, as coisas geralmente ocorrem mais rápido do que o previsto.

Aliás, a Auchan revelou que experiências em larga escala já estavam sendo feitas na Espanha e no interior da França para testar a configuração logística ideal: quais os depósitos ideais, qual papel deve ser atribuído aos próprios hipermercados na constituição dos pedidos e suas entregas?

O que deve chamar a atenção dos estrategistas e analistas é o fato de que, diferentemente de todos as suas concorrentes, a Auchan avançou na descoberta: seu cibermercado chamou-se Auchan Direct. Isso marcava uma etapa importante na relação com a Internet.

De fato, todas as concorrentes importantes haviam mantido até então um raciocínio inverso, como atestam os nomes de seus *sites:* Telemarket (Galeries Lafayette), C-online (Casino), Houra (Cora), Ooshop (Carrefour). Essas principais marcas de referência haviam preferido avançar de forma oculta e criar marcas específicas dessa nova distribuição. Por que a Auchan optou por um caminho diferente?

A questão se insere na problemática geral chamada extensão de marca (em inglês, *brand stretching*, cf. parte 1, capítulo 3): diante de um novo segmento, será que é preciso criar uma nova marca e dispor, então, de um portfólio de marcas para corresponder às demandas de um mercado segmentado ou capitalizar sobre uma única marca, dando-lhe, assim, uma maior extensão?

É característico que Carrefour, Casino e Cora tenham escolhido não capitalizar sobre suas marcas.

Essa estratégia é freqüente cada vez que o novo segmento apresenta riscos para a reputação da marca. Por exemplo, o primeiro sabão lava-roupas líquido da Procter & Gamble foi Vizir, e não Ariel líquido, a partir do nome do líder europeu do mercado dos detergentes. Sendo o segmento dos sabões lava-roupas líquidos novo, ninguém conhecia o grau de satisfação que produziria a longo prazo junto aos consumidores. Por precaução, a Procter & Gamble preferiu não correr nenhum risco em relação à confiança associada ao nome Ariel. Uma segunda razão que leva a criar uma marca nova se deve à incompatibilidade entre os segmentos. Por exemplo, o enorme mercado de novos esportes, como surfe, *snowboard, roller, skate,* etc. foi construído em cima de um sistema de valores iniciais que rompia com a cultura tradicional do esqui alpino. Foi um choque para marcas como Salomon ou Rossignol: elas eram sinal de rejeição junto às novas gerações. Estas, por sua vez, vibravam com os novos nomes: Burton, Quiksilver, etc.

A partir desse duplo ponto de vista, a abordagem feita por Carrefour, Casino ou Cora parece realista: o domínio do *online* não é adquirido (problemas de logística, atrasos nas entregas, organização interna, etc.). Os clientes poderiam relacionar à marca de referência do hipermercado a sua decepção diante de um serviço deficiente como um rejeito cultural do passado. Os internautas atuais, jovens, citadinos, masculinos, se projetam em marcas novas, símbolos de uma revolução em curso: Yahoo, Amazon, Wanadoo, Kelkoo, iBazar (eBay), etc.

A Auchan Direct apostava implicitamente no pós-"início da Internet". Nessa época, a compra *online* envolvia somente o pequeno, mas muito mediatizado, segmento dos internautas tecnófilos, que procuravam a diferenciação.

Ora, o futuro é o *marketing* de massas: quando a Internet e a compra *online* atingirem 40 milhões de clientes individuais. Para estes, Ooshop e Houra não são marcas de confiança – eles não as conhecem, nunca as viram. Não são nem um pouco célebres. Mas esse fenômeno de extensão rápida do cibercomércio só se produzirá se os agentes e as referências da confiança e da qualidade tomarem rapidamente o grande público pela mão, guiarem-no e tranqüilizarem-no na Internet. Foi o que a Auchan fez, pensando não no presente, mas no futuro da rede.

2

Avaliar o grau de personalização

Estamos na era da interatividade há alguns anos, desde 1995, dizem os especialistas, pois foi precisamente nesse ano que, pela primeira vez nos EUA, foram vendidos mais PCs do que televisores e se enviou mais *e-mails* do que cartas. Isso parece, entretanto, uma eternidade, tanto que o mundo do *marketing* e das marcas só fala em um a um, *marketing* relacional, CRM banco de dados dos clientes e seu *datamining,* etc. De fato, o que mais mudou nas empresas foi o vocabulário: agora todos estão conscientes da importância de desenvolver o *marketing* relacional, de fazer da marca uma verdadeira entidade relacional, isto é, de inserir as ações de *marketing* em uma perspectiva de valorização do cliente a longo prazo. Isso requer uma personalização ainda maior do tratamento do cliente, para aumentar a sua satisfação (portanto, a sua fidelidade) – e fazê-lo perceber as múltiplas propostas comerciais não mais como interrupções ou intrusões, mas como sinal de uma profunda compreensão de suas necessidades pela empresa ou pela marca. Essa personalização, essa compreensão, por sua vez, envolvem ainda mais diálogo e interatividade, pois cada interação com o cliente é momento de aprender sobre ele. Finalmente, para que essa informação possa ser transformada em ação, é preciso poder estocá-la, tratá-la, explorá-la, tudo isso dentro de limites de custo aceitáveis. Isso explica a importância das bases de dados e de todos os sistemas ou *softwares* que permitem a sua exploração.

É por isso que o segundo aspecto que evoluiu enormemente foi o surgimento de uma oferta de serviços, *softwares* de CRM, prestadoras de serviços, como a SAP, a Seybold, a Broadvision, etc., sem falar em todas as antigas agências de promoção ou de *marketing* direto que mudaram de nome para se chamar X-relação, Y-diálogo, Z-interativo, e significar assim a sua própria mudança de visão.

Dentro das empresas, o surgimento desse lobby *technopush*, apoiado pela propaganda intensiva das empresas de consultoria que clamam o fim da marca e de suas práticas de outrora (publicidade, *marketing* de massa), criou um interesse, mas, ao mesmo tempo, conflitos. Realmente, onde se encontra dinheiro para isso? Deve-se reduzir a participação da publicidade em prol da construção de bases de dados relacionais? Ou então, já que o benefício principal de uma base de dados de clientes é a identificação do alvo pertinente (e do momento ideal) para uma oferta particular – e vice-versa –, não era de se esperar uma redução dos custos do *marketing* direto que sofre, agora, devido ao seu aspecto massivo, não muito visado e raramente oportuno em termos de momento?

O *MARKETING* UM A UM É PARA TODOS?

O *marketing* um a um é o sonho dos consultores e do pessoal de *marketing*: o ideal não seria responder no momento certo às necessidades de cada consumidor tomado isoladamente? Porém, também é verdade que ele comporta custos iniciais importantes de criação da base de dados de clientes em tamanho suficiente para autorizar ações em grande número, sem contar os custos não menos importantes de atualização dessa base, o que nem sempre é evidente em um país como os Estados Unidos, onde 20% da população muda de casa todo ano. Enfim, para utilizar bem essa base, é preciso empenhar pessoal de qualidade em condições de aumentar a inteligência da empresa, ou seja, o seu conhecimento ainda mais apurado e pertinente em relação a seus clientes. É por isso que, enquanto os defensores do *marketing* um a um parecem ter o monopólio da palavra nas mídias e nos seminários, muitas empresas, e não as menores, não o abordaram (alguns diriam "ainda não"). A L'Oréal está reticente, bem como a grande distribuição que, junto com o uso dos cartões próprios da loja, ainda prefere inundar as nossas caixas de correio anonimamente com montanhas de catálogos temáticos que variam conforme os meses, festas e estações. Por outro lado, entre aqueles que tentaram e que ousam falar em público, nem todos conseguiram o mesmo retorno do investimento esperado. Desprezando o efeito da moda, a verdadeira questão é: quais empresas têm interesse em optar pelo um a um? E quais devem permanecer no "*marketing* direcionado", até mesmo no *marketing* de massa, para um lucro maior?

O que significa um a um. A expressão um a um é recente. O livro fundador remonta a 1993[1], ou seja, antes da explosão da Internet. Para os seus autores, a conduta um a um consiste em:

1. Identificar todos os seus clientes nominal e pessoalmente, por isso a importância de estimular aquilo com que o cliente se identifica a cada transação (levando-o a apresentar o seu cartão para colher pontos, por exemplo).
2. Diferenciar esses clientes de acordo com o seu valor para a empresa (focalizando-se nos mais rentáveis) e de acordo com aquilo que eles mesmos valorizam (quais são as alavancas de valor para eles?).
3. O objetivo principal é a personalização sempre crescente de seu tratamento e das ofertas que lhes são feitas. O método é, de fato, a segmentação dos clientes em grupos pertinentes: o tratamento pessoa por pessoa geralmente não é realizado. O objetivo é construir uma relação diferenciada conforme os níveis de lucratividade potenciais dos clientes. Por exemplo, na Cora, os 50.000 primeiros clientes constituem 15% do volume de negócios. Esse núcleo de alvo remunerador deve ter uma relação diferenciada que o preserve da concorrência. Porém, trata-se também de adaptar as ações a fim de aumentar o valor dos clientes. Por exemplo, na telefonia, alguns usuários telefonam menos, mas é possível torná-los muito fiéis, o que volta a aumentar o seu *life long value* (o valor do cliente ao longo de sua vida com a empresa), além do valor de adolescentes muito tagarelas, mas inconstantes.

A interação é o meio indispensável dessa personalização, pois permite aprender mais a cada ocasião, a cada contato, não importa o canal (na Internet, na loja, pelo telefone do *call center*, pelo correio). A troca e o diálogo são, pois, a base do *marketing* relacional, pois não há sinais de interesse sem diálogo com o cliente, não há sinais de compreensão sem interação que permita entendê-lo cada vez melhor, aprender sobre ele. É o que custa a fidelidade: adaptar melhor a oferta à pessoa e situar melhor a demanda para a oferta.

[1] PEPPERS, D. & ROGERS, M. *Marketing um a um*. Rio de Janeiro: Ed. Campus, 1994.

Como se pode ver, o *marketing* um a um tem vários significados:

- originalmente, significa relação direta personalizada entre uma marca ou empresa e uma pessoa;
- mas também quer dizer, por extensão, tratamento diferenciado entre uma pessoa e outra;
- igualmente significa: capacidade de aprender a cada interação, a cada contato, *one after one* seria a maneira mais apropriada.

A análise desses três sentidos intimamente ligados já permite delimitar as principais dificuldades da aplicação do *marketing* um a um nas empresas.

- A idéia de que a empresa é uma ("one") é um equívoco. Teoricamente, sim; mas, na prática, não. Para tanto, é preciso introduzir uma total transversalidade na empresa, uma verdadeira orientação ao cliente, como aquela que existe nas empresas em B2B que vendem a alguns clientes grandes. A estrutura é, então, organizada por cliente. Porém, fora desses casos, as empresas estão compartimentadas por funções, divisões, setores, países, redes de venda. Por exemplo, em uma seguradora, existem bases de dados de acordo com os canais (Internet, *call center*, agências ou lojas *brick and mortar*, visitas a domicílio), mas não integração. Falar da Axa como "uma" é falacioso sob esse ponto de vista. O mesmo ocorre com a Accor, cujas marcas continuam a defender seu capital de clientes, ao passo que o interesse da Accor é levar à transversalidade, a fim de fidelizar o cliente no mundo, não ao Novotel, Sofitel ou Mercure, mas à Accor. Também acontece em todos os setores de venda por intermediário. Será que as bases de dados da Renault ou da Peugeot registram as cartas e reclamações enviadas às concessionárias? Será que estas respondem com a prontidão requerida, quando o *site* da montadora adverte um internauta que deseja um 207 vermelho de que ele pode encontrar tal veículo imediatamente nesta ou naquela concessionária, *a fortiori* quando eles estão no exterior? O maior obstáculo a essa compreensão do conceito de um a um é exatamente o fracionamento dentro das empresas e as problemáticas de poder. É o principal trabalho a longo prazo: colocar a organização em sintonia com o cliente, porque a Internet significou a capacidade para todo cliente real ou potencial de interpelar a empresa sobre qualquer assunto e esperar uma resposta imediata. A Internet serviu como reveladora da atual incapacidade das empresas para responder "como uma única pessoa" às expectativas de uma única pessoa.

- A noção de tratamento individualizado também é uma ilusão. As ações de *marketing* ditas "para fora", distante (seleção de um alvo dentro de uma base de dados para uma determinada oferta), visam a alvos compostos por 90, 100 mil ou mais pessoas, ou seja, um conjunto de indivíduos de traços comuns, que definem grandes probabilidades de compra dessa oferta. A base de dados da Pampers ou da Huggies permite enviar a toda mãe uma informação ligada ao nascimento de seu filho. Todo dia na base, porém, milhares delas têm um filho de aniversário. No entanto, o que conta é que, em nível de indivíduo, a impressão subjetiva seja a de uma grande atenção dada pela marca, um toque de atenções ligadas a esse dia tão emocional que é o aniversário do bebê.

No que se refere ao *marketing* dito "para dentro", no contato em tempo real, quantas empresas são capazes de responder de maneira personalizada a toda solicitação inesperada de um cliente, não importando o canal utilizado por ele? Os bancos já estão bem avançados: cada cliente está associado a uma centena de escores de qualificação (chamados "escores de ambição"), que permitem teoricamente a um agente encarregado das respostas, e que identificou um cliente, aproveitar a ocasião dessa transação para lhe perguntar se a última solicitação fora bem resolvida e se estaria interessado nesta ou naquela oferta. É a base da conduta da Amazon. A cada *log on*, todo cliente antigo é apresentado aos livros mais recentes relacionados às suas últimas compras: para ele, basta clicar para comprar. Então, por que a Fnac não faz o mesmo?

- Enfim, quantas vezes os contatos com a empresa não nos demonstram que a empresa é amnésica ou fragmentada: ao nos solicitar novamente informações já fornecidas, por exemplo? Aí está o terceiro sentido do *marketing* um a um, um sentido difícil de aplicar. Como aprender a cada interação a fim de refinar, antecipar melhor os desejos? É necessário, ainda, que todos os canais pelos quais a interação pôde ocorrer estejam interconectados.

A marca interconectada. A verdadeira marca relacional, como acabamos de ver, está interconectada. Porém, ainda encontra-se dificuldade em convencer internamente e vencer as divisões que formaram a empresa. O *marketing* relacional é uma conduta que encara o pré-venda, a venda e o pós-venda de forma indistinta. É um espírito: das tecnologias, para poder realizá-lo em grande escala, e das pessoas.

Atualmente, como é típico do *lobby techno-push*, assiste-se a uma focalização nas técnicas. É verdade que apenas as técnicas permitem tratar as bases de dados do tamanho das de hoje. Não há necessidade de tecnologia para o quitandeiro da esquina: ele faz *marketing* relacional espontaneamente. Ele nos reconhece visualmente a cada visita e conversa conosco a partir do último diálogo ("como vai o seu filho desde aquela vez?"). Isto é mais difícil no Carrefour, principalmente quando um grande consumidor deseja um tratamento personalizado, não importa a qual Carrefour ele vá. O mesmo acontece com a Accor: os grandes clientes de um mesmo Novotel são rapidamente identificados e têm direito a todas as vantagens. É um pouco mais difícil quando passam de um Novotel a outro. O que dizer então quando passam de um Novotel a um Mercure? Da mesma forma, como fazer *marketing* relacional na France Telecom, quando se tem 16 milhões de clientes na telefonia móvel?

As técnicas e os *softwares* são indispensáveis: é a base do sucesso dos grandes programas de CRM. Porém, a ferramenta fez acreditar que se podia então solicitar cada vez mais informações aos clientes. Ora, além do fato de que estes não têm vontade de fornecê-las, pois se sentem invadidos em sua intimidade, o importante é, na realidade, medir apenas algumas informações pertinentes. O acúmulo de dados cria uma Muralha da China intransponível e desencorajadora. É revelador que os grandes revendedores, que têm potencialmente a maior massa de informações de cada um dos clientes (pois precisam se identificar ao passarem por lá, para acumular pontos de desconto), não façam nada quanto a isso.

Deveriam medir somente aquilo que não se pode tratar. Sem contar que, quanto mais variáveis existem, mais difícil se torna atualizá-las. A confiabilidade dos dados é a base da eficiência do *marketing* relacional.

Para poder ter sucesso com a marca interconectada internamente, é preciso transpor uma outra barreira: a organização. São as pessoas e seus defeitos ou suas problemáticas de poder que bloqueiam essa interconexão. O exemplo do tratamento das reclamações sobre automóveis é revelador: a marca é que está incumbida disso. É dever dela resolver os problemas dos clientes que nela confiam. Imagina-se a dificuldade de colocação de uma conduta como essa dentro de um mesmo país, sem falar das concessionárias de outros países, que tendem a pensar que o cliente lhes pertence. Afinal de contas, juridicamente, a montadora não lhes vendeu os automóveis, encarregando-as de revendê-los? É por isso que é possível perguntar se, prioritariamente, se tem demonstrado suficientemente o caráter indispensável da conduta. Não vamos começar pelas técnicas: vamos "trabalhar" as pessoas, internamente.

O *marketing* um a um não é mais fonte de diferenciação!

Quando se pensa em fidelização, pensa-se em programa de fidelização e imediatamente no protótipo dos programas de milhagem das companhias aéreas ou nas ofertas cada vez mais personalizadas, como a oferta promocional chamada "Les Routes du Ciel" ("Rotas do Céu", totalmente personalizada, pois é oferecida indivíduo por indivíduo, em função do comportamento histórico, do local de residência e da posição competitiva da Air France nas linhas envolvidas).

Como atestam os próprios dirigentes da Air France, os programas de milhagem não têm mais nenhuma importância para as companhias aéreas. Os clientes com maior valor possuem vários cartões de fidelidade. A fim de pesar no uso de seu cartão, como se faz com os cartões bancários, a Air France desenvolve parcerias, o que permite estender o perímetro de aquisição de milhas a outros tipos de compras (restaurantes, hotéis, locação de veículos, etc.). Mas isso toda companhia aérea faz.

Então, para que servem essas milhas? É, na verdade, a mídia que permite colher a informação sobre o cliente e seu comportamento – e identificá-lo bem a cada vôo! Sobretudo, e mais fundamentalmente, o *marketing* um a um serve para aumentar a satisfação do cliente e, como conseqüência, fidelizá-lo ainda mais, o que evidentemente aumenta a lucratividade. Portanto, não fazê-lo é dizer que, na verdade, todas as declarações do tipo "para nós, o cliente é rei" não passam de palavras. A era do cliente desemboca necessariamente em uma certa personalização do serviço, da comunicação, da relação e, às vezes, até mesmo da oferta. A personalização traz pertinência.

Assim, o *marketing* um a um não serve para se diferenciar dos concorrentes, mas para diferenciar os clientes. É por isso que é uma ferramenta de eficiência, de melhor distribuição dos recursos e de redução dos custos. Por exemplo, as lojas de moda fazem tanto volume de negócios em pré-liquidações com clientes selecionados quanto com o conjunto dos outros clientes. A conduta promocional habitual segue o caminho inverso do *marketing* um a um. Ao anunciar um carro a um preço reduzido para todos, de forma bem visível, e não a um segmento, de forma discreta, isso deixa descontentes os clientes que pagaram mais caro por ele e, além disso, degrada a imagem da marca. Ao contrário, o lançamento do superexclusivo 607 da Peugeot fez amplo uso do um a um: a criação de uma base de dados com 500.000 nomes produziu 20.000 tentativas direcionadas desse automóvel *top* de linha. Da mesma forma, o lançamento do Avantime, um dos últimos conceitos de vanguarda da Renault, baseou-se muito no *marketing* relacional. É verdade que o mercado potencial europeu desse automóvel está avaliado em 13.000 carros por ano; é, portanto, um nicho. Mais do que lançar uma grande campanha publicitária, gigantesca em relação a esse alvo tão restrito e atípico, a Renault apresentou o produto por meio de 20 eventos europeus de artes e espetáculos (como a Feira Internacional de Arte Contemporânea de Paris, por exemplo). Isso faz com que encontre diretamente públicos interessantes e difíceis de se atingir e permite criar uma base de dados com 80.000 nomes na Europa, dos quais 53% declararam que gostariam de trocar de carro nos próximos seis meses e 21% gostariam de experimentar o Avantime. Atualmente, há 4.000 pedidos. Esse programa foi, de início, europeu e tratado de forma centralizada.

Nos EUA, o lançamento do último Saab para um alvo pequeno, mais caracterizado por uma maneira de ser do que por critérios sociodemográficos, fez uso quase exclusivamente do um a um.

Para sair de seu marasmo, o Club Med deveria fazer mais uso do *marketing* um a um para já reconquistar uma parte significativa do enorme grupo de clientes antigos. Cada cliente antigo (ex-GM) deveria poder ser tentado novamente, contanto que recebesse uma proposta bem adaptada, que correspondesse às suas novas expectativas. De fato, quando se deixa de freqüentar o Club Med, é cada vez mais difícil retornar. Não que a imagem se deteriore, mas ocorre que a oferta perde o brilho nesse meio tempo. Além disso, outros tipos de férias tornaram o lugar das estadias no Club Med, criando outros costumes. Para se inserir novamente nesses costumes, deve-se recriar o desejo, fazendo propostas concretas duplamente direcionadas: reservar o *village* e o período certos, correspondentes ao perfil exato real do ex-GM, do jeito que é atualmente. Enviar-lhe um catálogo é remetê-lo de volta à opacidade da oferta.

A respeito do *e*-CRM. Quando a moda Internet explodiu, assimilou-se muito rapidamente o CRM e a própria Internet. Na realidade, o CRM começa no quitandeiro, cabeleireiro ou hotel no qual você passa as suas férias todo ano. É o tamanho e o nomadismo dos clientes que criam a necessidade de ferramentas. É evidente que, teoricamente, se cada um estivesse conectado e só utilizasse a Internet, poderíamos então entrar em uma era de diálogo permanente, de troca em torno dos centros de interesse dos clientes, de cumplicidade, mas também de *e-mailings* bastante personalizados e de ofertas personalizadas. De fato, em certos lugares como os EUA, a Escandinávia ou o Japão, as taxas de uso são muito elevadas. Nesse contexto, o *e*-CRM (Gestão Eletrônica do Relacionamento com o Cliente) é uma necessidade. Além do custo reduzido do contato, ele oferece perspectivas únicas a todos os setores que têm como alavanca essencial de valor a criação de uma relação singular com o cliente. É, por exemplo, o que acontece com a indústria do luxo. O *e*-CRM e as bases de dados vão permitir a personalização da informação e dos serviços, mas também encontrar o momento ideal para fazer ofertas bem-direcionadas. O grupo LVMH criou em junho de 2000 o *site* e-Luxury para fazer uma aprendizagem rápida e concreta das potencialidades desse vetor. Em dezembro de 2001, as Galeries Lafayette ofereceram em seu *site* produtos Guerlain e a possibilidade de obter um conselho personalizado, graças a um *call center* que recebia tanto *e-mails* quanto chamadas telefônicas. Porém, o futuro da indústria do luxo na Internet é o *co-browsing*: o interlocutor de um centro de chamadas vê na sua tela as mesmas páginas do *site* que o cliente está visitando. Ele pode, pois, comentá-las instantaneamente ou dirigi-lo a outras páginas, até um eventual pedido de compra ou a recomendação a uma loja.

Todavia, tanto aqui como em qualquer outro lugar, a realidade não será só *e*-CRM. Primeiramente, considerada a difusão da Internet, nem todos os clientes entrarão nela. Conhece-se a importância do abismo geracional. Ora, tanto na seguradora quanto no banco, existem filões de lucro entre clientes que valorizam a relação interpessoal direta e duradoura. Essa relação é causa de uma fidelidade indefectível. Isso é menos garantido em clientelas inconstantes e tecnófilas. Em segundo lugar, é preciso fazer a diferença entre a Internet acessível por computador e as modas invisíveis ou não indicadas como as da Internet. Assim, na Europa, para atingir clientelas avessas aos computadores, a televisão interativa pode ser o caminho – ou o WAP, quando os problemas de débito insuficiente estiverem necessariamente resolvidos. O telefone celular é uma grande ferramenta relacional de *marketing* "para dentro", pois a solicitação que vem do cliente corresponde então a uma situação de urgência, isto é, o momento de uma mobilização para responder ao seu pedido de serviço e deixar, assim, um traço fidelizador.

Mesmo assim, a Internet é uma ferramenta muito eficaz para levantar a informação por meio de algumas perguntas, o que permite situar a pessoa que responde em um dos tipos de uma tipologia e, desse modo, tratá-la de maneira menos "mediana". Cai-se, então, no *marketing* direcionado, um meio-termo entre o *marketing* de massa e o *marketing* um a um.

Portanto, mesmo que não estejamos na era do *e*-CRM, a Internet foi a catalisadora de uma tomada de consciência na empresa: a do cliente. Há, assim, um deslocamento do *marketing* do produto para o da relação.

Até que ponto se pode impelir a personalização da própria oferta? O verdadeiro desafio da personalização vai além da relação. Ele está na própria oferta. Não é por acaso, aliás, que a personalização se focalizou primeiro na comunicação e nos serviços relacionais. Assim, em matéria de automóvel, o beabá da personalização é a capacidade de compreender o cliente, de fazer-lhe uma oferta adaptada, tanto em matéria de revenda de seu carro usado quanto às condições de crédito ou de fórmula de financiamento, de tratamento das reclamações diretamente pela marca, etc., pois o serviço consiste em direcioná-lo para a versão mais adaptada do modelo que escolherá. Enfim, ele poderá, por meio de uma lógica de opções ou de pacotes, configurar um carro "customizado", ou seja, como o deseja. Porém, basicamente, será um carro sob medida? Não. Estamos longe da Dell.

O *marketing* um a um está nos genes da Dell:

- a Dell instaurou, já de início, uma relação um a um com o cliente;
- a Dell inverteu o modo de fabricação, pois já que cada cliente pode montar seu próprio computador, as variações são quase infinitas. Por isso, a fabricação acontece depois de feito o pedido;
- a Dell pegou muito cedo o caminho da Internet: agora, metade das vendas é feita pela rede internacional.

Seria possível fazer o mesmo, por exemplo, com o automóvel?

- A primeira observação a fazer refere-se à realidade do desejo de personalização por parte do cliente. O consumo se insere na dupla problemática pós-moderna: ser diferente dos outros (a era do eu), mas também parecer-se com eles, ser como os outros de sua "tribo" ou grupo de referência. O adolescente pode certamente comprar na Internet um par de tênis Nike "customizado", mas é necessário que eles sejam reconhecíveis como modelo e como Nike, senão uma das fontes de valor se esgota.

Além disso, pensando bem, para que serviria realmente oferecer uma variabilidade total, senão para encarecer mais os processos de produção e, portanto, os custos? Teoricamente, a variabilidade deveria envolver somente os elementos críticos na decisão de compra de um modelo. Como todas as montadoras bem sabem, algumas configurações (cor, estilo, equipamento interno, etc.) representam mais de 50% das vendas de um modelo. A verdadeira questão não é, pois, se intimidar, apelando para a infactibilidade da customização total da oferta, mas estabelecer por meio da pesquisa a variabilidade que realmente cria valor para o consumidor: os atributos que ela deve envolver.

- A segunda observação é a da factibilidade: será que um consumidor é capaz de integrar a complexidade e a infinita variedade das combinatórias propostas? Uma coisa é montar um *kit* com componentes de computadores corretamente indicados, outra coisa é montar um carro para si. O tempo a ser investido é tanto que desencorajaria a maioria dos clientes e particularmente o vendedor, que, para viver, só deve dedicar um determinado tempo sob comissão e passar em seguida ao próximo cliente. A solução então é mandar o cliente para casa, para o seu PC ou Mac, onde teoricamente existe um tempo infinito para escolher. Quando se conhece o número de clientes que abandonam o simples fato de fazer uma lista de compras em um *site* de compras habituais *online*, se imagina o resultado quanto ao automóvel, sem o *feedback* do vendedor, que explicaria imediatamente as conseqüências de cada escolha.

Aliás, é por isso que, longe de ir na direção da própria ultrapersonalização do carro, as montadoras de automóveis simplificam ao máximo a tarefa do cliente. A Mercedes oferece três pacotes de estilo interior e equipamentos, alternando com vários níveis de motorização, em cada um de seus modelos, do Classe A ao Classe S.

Evidentemente, no *e-Luxury*, é possível personalizar a bolsa Louis Vuitton que se está comprando, com iniciais, por exemplo. A Levi's tentou, sim, fazer o *jeans* sob medida pela Internet. Porém, para a Levi's, era antes de mais nada um golpe de relações públicas. Isso explica a sua rápida suspensão posterior. A grife de luxo Ermenegildo Zegna oferece os seus trajes sob medida aos internautas isoladamente. No entanto, como no primeiro caso, é uma "customização superficial", e os ternos sob medida sempre existiram.

O verdadeiro desafio está na personalização fora dos serviços, pois tudo tem um custo.

Devemos nos lembrar que, depois de termos nos convencido de que eram necessárias fraldas diferentes para meninos e meninas, a Procter & Gamble voltou a essa primeira adaptação "sob medida", pois o complemento de custo era superior à sua valorização pelo cliente. Atingimos aí o terceiro parâmetro da globalização: os custos e a factibilidade técnica.

- Na indústria automobilística, 80% das peças provêm dos subcontratados. Como organizar a produção em fluxos ajustados, em uma lógica de personalização da oferta, para modelos bem diferentes e imprevisíveis? A qual preço? E, lembremos, isso expressará realmente um desejo?

Existe um desejo de "customização", de personalização da oferta. Assim, quanto às canetas, até a Bic nos EUA oferece um serviço de personalização e 1.800 objetos por dia são solicitados sem que se saiba com antecedência o que serão. Uma pequena unidade de tratamento realiza a customização solicitada. Porém, como fazê-lo na indústria automobilística, na qual 80% das peças provêm de subcontratados? Como aplicar-lhe a lógica da Dell, do "Build to Order", isto é, produzir a pedido?

Segundo as próprias montadoras, são necessários aproximadamente 40 dias para satisfazer um pedido, dos quais apenas dois servem especificamente para a produção! Portanto, a essência do prazo se deve a tempos de integração do pedido, planificação na seqüência de produção, etc. Tantos são os filões de produtividade nos quais se pode encontrar fontes de redução de tempo, compensando um eventual prolongamento da própria produção, ou, antes, a integração no processo de produção. Sobretudo, será a expectativa de personalização do cliente, a do produto ou do serviço? O cliente não diz principalmente: considere-me, ouça-me, guie-me para a sua oferta mais adaptada à minha situação específica? E, uma vez que a minha decisão tiver sido tomada, entregue-me rápido. Não em 40 dias!

Como se pode observar, o exame aprofundado das realidades da personalização da oferta, tanto no plano do pedido quanto no dos fatores de produção, permite situar o debate em seu nível exato. Pode-se sonhar, mas essas realidades são diferentes. Se no plano do serviço a personalização é aceita, no plano do produto a era do *marketing* segmentado ainda não terminou, e está longe disso. O que significa então o *marketing* de massa?

O papel necessário do *marketing* de massa. O exemplo da telefonia móvel revela a repartição necessária dos papéis entre o *marketing* de massa, o *targeted marketing* (*marketing* de segmento) e o um a um. Sabendo que, na loja, o tempo de venda médio por cliente não ultrapassará 20 minutos, existe a necessidade de pôr em prática o *marketing* de massa, o um a um e o *marketing* de segmento a partir de uma base de dados.

O *marketing* dito de massa é a ferramenta ideal da aquisição nesse mercado. Ele promove a marca e seus conceitos (por exemplo, a tarifa mais simples, de três horas). Em 1997, a Bouygues Telecom tinha 500.000 clientes. Quando alcançou 1 milhão de clientes, foi preciso ter as ferramentas de estratégia: a da valorização do cliente e uma organização adaptada à estratégia, com a criação de "chefes de produtos de *marketing* ao cliente". Essas ferramentas deviam permitir a segmentação da base de dados conforme as necessidades dos clientes e a disposição dos meios para interagir. Restando fazer como essencial: estabelecer um plano de negócios que demonstre a rentabilidade do sistema.

Na Bouygues Telecom, o *marketing* de massa remete à grande distribuição e, há pouco tempo, a lojas especializadas para os clientes que esperam conselhos. No entanto, a grande distribuição permanece fundada no *self-service,* ou seja, na ausência de serviço e no preço baixo. É por isso que o hipermercado vende o que há de mais barato, para não perder tempo. Em seguida, é o operador que deve valorizar esse cliente, praticando a necessária ascensão de linha, mais tarde, por meio de ofertas "segmentadas". Portanto, existe na Bouygues Telecom 50 campanhas direcionadas a partir da base de dados todo mês. Em 2001, essas campanhas realizaram mais de 100 milhões de contatos na base de dados de clientes. Não se trata, portanto, de um verdadeiro *marketing* um a um, mas de campanhas direcionadas em função de parâmetros comportamentais, visando a uma ordem de 100.000 pessoas.

O *e-mail* é bastante usado, mas cada canal tem seu custo. Uma mensagem SMS vale dez centavos e o *telemarketing* vale 30,5 euros/hora (exceto se é subcontratado de um *call center* da ilha Maurício valendo 7,6 euros/hora). Porém, é preciso ligar o canal utilizado e o segmento visado. Alguns consumidores nunca utilizarão o *e-mail*; querem escuta física.

O *marketing* segmentado e o um a um, *a fortiori,* requerem uma base de dados. Portanto, não estão adaptados ao mercado do pré-pago, aos milhões de consumidores que não querem ter nenhuma fatura, nenhum vínculo formal com o operador, isto é, aos compradores do cartão Nomade ou Mobicarte da Orange. Nesse caso, assim como para Coca-Cola, necessita-se do *marketing* de massa.

Quem está menos envolvido pelo *marketing* um a um?
Nesta etapa, além das modas, observa-se bem que nem todos os setores, nem todas as empresas ou marcas estão envolvidas pelo um a um no sentido estrito. Evidentemente, todos e todas devem se centrar no cliente e tentar fazer o possível para entrar em contato diretamente com ele (isso explica as condutas de *call centers* de marcas, restaurantes de marcas, *megastores* de marcas, ações promocionais instantâneas fora da loja feitas pelas marcas). Porém, por que investir na constituição de uma mega-base de dados de clientes cujos custos, sempre subavaliados, não são justificados por um plano de negócios válido? Custos de criação, de atualização e de exploração para *softwares* ainda mais sofisticados. A Dell tem essa necessidade, da mesma forma que a France Telecom ou o Club Med, mas e a Coca-Cola?

Quem deveria pensar sobre isso duas vezes antes de ceder à moda? Em primeiro lugar, as marcas que vendem a todos. Por que a Evian deveria cadastrar todos os clientes? Para a Coca-Cola, o custo é exorbitante e a rentabilidade não é garantida. Por exemplo, a Nestlé criou o *site* chocolat.nestle.fr, apoiado por investimentos nas mídias: de fato, o rádio foi eficaz para remeter ao *site*, mas nenhum dos meios utilizados atinge o *pay out* hoje. Ainda que esse *site* permita a venda dos *kits* de fim de ano personalizados, com a foto do solicitante na embalagem, a demanda continua fraca demais. Contudo, o Club Nestlé reúne 4,5 milhões de lares ativos e dá satisfação: dentro de um grupo multimarcas, é possível mutualizar os custos. Assim, no Grupo Danone, as atividades de CRM e de bases de dados são coletivas. Com uma base de dados que contabiliza 4 milhões de endereços, cada envio da *consumer magazine* (revista do consumidor) da Danone custa aproximadamente 2 milhões de euros! A partir desse ponto de vista, o *e-*CRM deveria fazer esses custos da Danone baixarem significativamente, pelo menos entre os casais conectados na Internet ou junto às crianças que hoje nascem com um *mouse* na mão. A Nestlé constatou, aliás, que os internautas passavam em média 12 minutos em seu *site*, cheio de receitas e de diagnósticos personalizados. Considerado o seu baixo custo, isso faz da Internet uma mídia três vezes mais barata que a publicidade, pelo menos no famoso alvo das donas-de-casa de menos de 50 anos.

Enfim, para justificar os custos, as marcas procuram todas as oportunidades de valorização do cliente por meio de vendas cruzadas (*cross selling*). Além disso, o objetivo não é cadastrar todo mundo: muitas vezes, 15% dos compradores representam 50% do volume e ainda mais lucro, o que reduz, pois, o tamanho da base a ser criada. Esses parâmetros explicam a prudência dos grandes grupos de bens de maior consumo. Entretanto, nada substitui a experiência direta: é por isso que até a Procter & Gamble a adota. A empresa, fiel à sua lendária prudência e ao seu pragmatismo, testou recentemente, em uma cidade do interior da França, uma *consumer magazine* enviada às *golden households* ("lares de ouro") de sua base de dados: "Querendo mais, viva o lado bom da vida".

As marcas de compra nem sempre continuam tão interessadas. Para que serviria uma base de dados de cliente para a Hanlet ou a Pleyel, duas marcas de piano? Enfim, quando a margem por produto é baixa, ela agrava as perspectivas de rentabilidade da conduta. A menos que a base de dados tenha essencialmente como objetivo a ascensão na linha (como fazem a indústria automobilística, a telefonia ou a Dell) ou as vendas cruzadas (como faz a Amazon, por exemplo).

Assim, o *marketing* um a um é um ideal, um sonho, mas as realidades econômicas devem falar, sem contar a questão da invasão do comércio na esfera privada e os problemas de confidencialidade. Saber ainda mais sobre o cliente é, sim, pelo menos teoricamente, visar a não aborrecê-lo com ofertas não-pertinentes em conteúdo e em tempo, mas é também entrar em conflito com a necessária preservação da vida privada.

POR FAVOR, MAIS RELAÇÃO E MENOS CRM!

O CRM agora faz parte das estruturas e, de qualquer forma, do vocabulário corrente do *marketing*. Revistas dedicam-lhe atenção, trazendo todo mês a demonstração de sua eficácia, setor por setor. A lista das *best practices* não pára de aumentar e atrair uma atenção sustentada nos numerosos seminários dedicados à fidelização. Paradoxalmente, essa coleção de números convincentes, que demonstram para quem ainda seria duvidosa a potência da conduta, também destaca os seus limites.

É revelador que os agentes da fidelização, da relação com o cliente, do CRM e agora do *e*-CRM são as antigas agências de promoção de vendas. Disso restou esse traço característico da promoção de vendas, que é a preocupação do curto prazo, de demonstrar uma eficácia imediata. Ora, a partir do momento em que se trabalha em bases de dados ou na Internet, tudo é mensurável. A Internet é uma fantástica escola de CRM ou de *marketing* dito relacional: é possível "ver" os internautas entrar, consultar páginas ou itens e, de uma vez só, de maneira imprevisível, sair novamente.

Essa insistência no volume das relações e a aferição dos resultados se explica pela necessidade que essas abordagens novas têm tido de desviar uma parte do orçamento de *marketing* para o seu proveito e em detrimento de outros usos mais publicitários. Para fazê-lo, seria preciso demonstrar os ganhos, o retorno do investimento, sendo este, aliás, freqüentemente importante e geralmente inferior às previsões: o custo da criação das megabases de dados, suas atualizações e a evolução acelerada da tecnologia explica esse fato.

Existem fidelidades e fidelidades. O objetivo declarado das técnicas de CRM é a fidelização, o que é medido pela *life long customer value* (valor do cliente ao longo da vida com a empresa), ou seja, o valor atualizado dos ganhos trazidos pelo cliente não somente na próxima compra, mas em um longo período. Outros indicadores são o aumento da taxa de sustentação (porcentagem das ocasiões de compra em que nossa marca foi lembrada) ou, finalmente, o histórico QA/NA* (quantidades adquiridas por comprador).

Evidentemente, as empresas devem avaliar a pertinência de seus investimentos. Os acionistas não o entendem de outro jeito. Porém, não seria isso fazer CRM com um "R" que significa Rendimento ou Rentabilidade do cliente e não mais no sentido original de Relação, que induz a uma construção de intimidade no decorrer do tempo, supondo que se coloque entre

---

*N. do T.: *Quantités Achetées* (quantidades compradas)/*Nombre d'Acheteurs* (número de compradores).

parênteses o argumento do comprador? Do ponto de vista do cliente, existem dois tipos de fidelização: um por cálculo, racional (é o caso dos programas de fidelidade das companhias aéreas); o outro por afinidade real, o que também não exclui vantagens, mas poderia dispensá-las. As medidas atuais traduzem demasiadamente uma preocupação dominante de rendimento rápido, portanto convincente, em favor de ações de fidelização que serão, *de facto*, por cálculo, herança da lógica e da cultura promocional.

Michelin: precursora da verdadeira relação. A precursora da verdadeira relação com o cliente foi a Michelin. Foi uma idéia de gênio, há pouco mais de um século, um fabricante de pneus acompanhar os automobilistas e ajudá-los a escolher o hotel de seu agrado ou o restaurante de seu gosto e acessível aos seus bolsos. No famoso Guia Michelin, quase não se vê propagandas dos pneus Michelin e a imposição para comprá-los. Mas a marca soube criar as condições de uma "indispensabilidade" baseada no serviço, longe do produto. Sob esse aspecto, a mudança do nome do Guia Michelin para Guide Rouge permanece, para nós, inexplicável.

Vamos comparar essa conduta com a da Louis Vuitton. Durante anos, a marca assinou as suas campanhas publicitárias internacionais com "L'art du voyage" ("A arte de viajar"). Aí está seu fundo de marca. Porém, o que se encontra sobre a "arte de viajar" nessa ferramenta relacional por excelência que é o *site* da Louis Vuitton? Nada. Com exceção das fotos de produtos e modelos, procura-se em vão uma verdadeira conduta que traga um manancial de informações coerentes com aquelas que o suposto cliente da Louis Vuitton gostaria de conhecer para preparar o seu próximo fim de semana em Nova York. Não faltam conteúdos editoriais sobre esses temas, prontos para serem empregados nos EUA e pelo mundo inteiro, saídos de revistas dedicadas ao fato de sair e aos endereços certos da moda, que permitem à Louis Vuitton criar um verdadeiro *site* inspirado. Entretanto, a preocupação do curto prazo ainda castiga demais quando se fala em relação.

O *e*-CRM ainda está longe de suas potencialidades. O *e*-CRM não consistiria atualmente em uma optimização da eficiência graças à personalização que a Internet e a diminuição concomitante dos custos do contato permitem? Porém, a nosso ver, a Internet fornece a possibilidade de estabelecer uma verdadeira relação de pedagogia como todos os *sites* de marca que fornecem os meios da auto-auscultação (da pele, do cabelo, etc.). Pode-se tratar também de relações de cumplicidade, como aquelas que as rádios temáticas souberam criar em seu tempo, pois, como se sabe agora, na Internet, a marca é mídia. Ora, na freqüentação de uma mídia, a postura da mídia, o tom e a relação construída com o espectador contam tanto quanto o próprio conteúdo.

Além do volume, é tempo de precisar a qualidade de relação que se quer construir. Afinal de contas, no prisma de identidade da marca, a relação não é uma das facetas? O interesse da Internet em relação ao caráter monolítico da marca é poder adaptar essa relação a cada alvo: mulheres, jovens, etc.

Estamos imaginando como a Internet pode se tornar um fator de vínculo. Por exemplo, J.-F. Variot, presidente da Image Force, sugere que as marcas abriguem miniintranets familiares. Então, é o momento não de enviar mensagens comerciais, como fazia a Spot, da Bouygues Telecom (na qual a comunicação era gratuita, contanto que fosse precedida de publicidade), mas de falar de assuntos diferentes que tenham, todavia, uma relação com o universo da marca. O exemplo da Michelin deve ser recriado.

3

Aproveitar a revolução interativa

A marca está no coração do *marketing,* como vimos até agora. A oferta e a comunicação das empresas foram construídas em torno de marcas que herdam, com o tempo, valores imateriais, significados e representações que levam os clientes a pagarem o objeto mais caro, o que ultrapassa a simple realização das funcionalidades do produto. Essas marcas são distribuídas por meio de circuitos logísticos e aproximadas dos consumidores em templos da compra como os hipermercados, mas também através da venda por correspondência, dos *cash & carry* ou das lojas de conveniência. Esses pontos de venda apresentam os produtos e também garantem, às vezes, a função de serviço e a de informar.

Como para tudo o que é novo, as marcas abordaram a Internet com prudência e conforme diferentes etapas.

Primeiramente, as marcas transpuseram seus comportamentos clássicos, por exemplo, colocando no *site* o catálogo de seus produtos, a título de informação. Depois, elas adaptaram-se ao passar suas relações com os fornecedores para uma intranet ou fazendo de seus *sites* verdadeiros lugares de expressão de seus valores da mesma forma que uma Nike Store. Porém, sentem que a passagem à terceira fase é inevitável, aquela em que se levantam questões aborrecedoras: a transformação radical dos modos de funcionamento com o mercado. É verdade que o poder da marca capitalizou, até então, sobre um certo funcionamento do mercado, que voltou a ser debatido com a Internet.

A INTERNET SUBVERTE AS MARCAS

Marca e economia de informação imperfeita. Vivemos até agora na economia de informação imperfeita. O mercado nasceu dessa situação e tirou dela o seu poder de mercado. Como isso aconteceu? Vamos tomar um consumidor antes de comprar uma televisão: se ele quiser ser racional, deve visitar uma dezena de pontos de venda, sem falar dos catálogos dos descontos e da venda por correspondência. Em cada ponto de venda, ele deve comparar dezenas de produtos que correspondam às especificações procuradas. Isso vai lhe tomar tempo, energia, até mesmo dinheiro, sem a certeza quanto à excelência da escolha final. Devemos reconhecer que, nesse contexto, é irracional para um consumidor normal ser racional.

É por isso que a marca lhe propõe uma heurística: restringir a sua busca ao seu próprio catálogo. Ele deve procurar na Sony, Thomson ou Philips se tiver dinheiro, ou então na Brandt ou Panasonic em caso de orçamento mais limitado. A marca basicamente vende uma certeza que dispensa a ida a um outro lugar e permite, pois, economizar tempo e energia. Pelo seu peso, ela obtém uma representação mais forte nos pontos de venda, uma visibilidade maior. Ela enviesa, portanto, os processos de escolha a seu favor, tira partido das barreiras de acesso à informação e da impossibilidade de ser racional. Além disso, no setor dos bens de grande consumo, o consumidor está pouco envolvido: esses produtos não lhe interessam e ele não quer se empenhar em buscas por informação. Isso explica a importância da notoriedade da marca, que permite associar um nome a um universo de necessidade, ocupar essa prateleira virtual que até então era a única memória do consumidor. A notoriedade permite também lembrar-se, com ou sem razão, daquilo que se acredita ter adquirido nas compras anteriores, o que aumenta as probabilidades de recompra e a fidelidade.

Marca e transparência de mercado. O primeiro grande efeito da Internet é criar transparência de mercado. Qualquer um pode, confortavelmente sentado em sua sala, visitar a partir de seu monitor os *sites* de montadoras conceituadas, a fim de examinar suas últimas inovações. Qualquer um pode também, graças às ferramentas de busca, identificar os pontos de venda nos quais o preço é mais baixo, até mesmo verificar se o tal produto está disponível na loja física, a fim de compará-lo, tocá-lo antes da compra. Assim, a reputação é um fator de comércio e a Internet não modificaria a situação. O *site* da Louis Vuitton recebe 7.000 visitas por dia de internautas que examinam 6 páginas em média, durante 10 minutos. Para se situar na rede, é preciso referências, chamarizes como as marcas conhecidas. Aliás, é por isso que as *e-brands* (marcas eletrônicas), não possuindo realidade física, não têm outra escolha a não ser adquirir também a notoriedade espontânea, ou seja, uma parte da memória do consumidor, custe o que custar, e multiplicar os referenciais nos portais. Isso explica o investimento considerável na publicidade de notoriedade pura por parte das *start ups*, pré-requisito indispensável para testar o *site*.

Uma outra hipótese menos otimista é que a Internet vai suscitar o aparecimento de novos agentes cuja função é precisamente auxiliar a tomada de decisão mais racional. Quanto mais os circuitos de venda se desenvolvem, menos o consumidor é auxiliado, e mais difícil se torna a sua tomada de decisão. Ele pode apenas facilitar a sua tarefa ao raciocinar pelos preços ou pelas marcas. Porém, a Internet permitiu o aparecimento dos infomediários, cujo serviço é apresentar a oferta real, em sua completude, até mesmo pré-selecionar a melhor escolha de acordo com a ponderação dos critérios que o próprio internauta terá indicado. Como escolher um freio para um carro? Talvez fontes às quais se atribui credibilidade como a *Auto Journal* poderão construir *sites* de auxílio à decisão e indicar a *short list*, com eventualmente marcas às quais não se teria pensado. Para a cosmética, da mesma forma, as mulheres poderão ficar sabendo quais são as reais virtudes dos produtos das grandes marcas. Quando nos lembramos do impacto de um teste comparativo anunciando que o melhor creme hidratante do mercado era o da Nivea – e também, pois, o mais barato – imaginamos o efeito devastador que podem ter esses infomediários sobre todas as marcas, cujo produto não está à altura da imagem.

Esses grandes *sites* comparativos se multiplicam, seja de beleza-cosmética, saúde, casa, esportes, etc. Eles são o feito de novos atores, ou de distribuidores que, nesses casos, incluem sua própria marca nas comparações de múltiplos atributos. É por isso que os próprios fabricantes devem se unir para construir esse *site* de referência do setor e não deixar o poder de influência para outros, particularmente para os revendedores. É revelador, por exemplo, que junto aos *sites* próprios de marcas como a Lancôme, que vendem diretamente, a L'Oréal nos EUA desenvolve com os seus concorrentes projetos de portal sobre cosmética e beleza, tendo as grandes lojas anunciado também a sua intenção de se posicionar nesse serviço. Da mesma forma, junto ao seu *site* próprio, que permite vender diretamente carros sob medida, a Renault se associa com a PSA e com as outras montadoras para construir um *site* de referência. A Internet é uma ferramenta de rede que abala as divisões tradicionais entre agentes nas cadeias de valor. Ela leva ou a reunir os agentes até então concorrentes, ou a reunir os membros de uma mesma classe. No universo médico, a Internet relaciona laboratórios, médicos e pacientes.

A recaptura do cliente. Algumas marcas são muito mais que produtos, são redes de informação e influência. É o que ocorre com as marcas da construção civil que são conduzidas pelos arquitetos, escritórios e artífices. O mesmo acontece com as marcas com rede de distribuição seletiva cuja função é prestar serviços (isto é, mais freqüentemente a informação adaptada a cada cliente): por exemplo, as marcas de cosmética, até mesmo as marcas médicas. Ora, sabe-se que o impacto da Internet se faz primeiramente nos setores e categorias ditas de taxa elevada de informação (em inglês, *information intensive*). É o caso das agências de viagem, que foram obrigadas a se transformar radicalmente para não desaparecerem. Por que ficar na fila de espera para uma prestação de serviço de baixo valor agregado feita por uma pessoa que, de qualquer forma, não sabe mais do que você sobre o catálogo desta ou daquela operadora ou um destino. É esse o caso de muitas perfumarias generalistas, com um pessoal não-qualificado o bastante para possuir um discurso especialista e personalizado.

Em todos os setores, assiste-se a uma concentração da distribuição. Se, no início, a distribuição participava da circulação da informação da marca, portanto, participava de sua rede informacional, desde a sua ascensão potencial associada a sua concentração, ela reclama e até se recusa a fazê-lo. A Darty se opõe a toda distribuição de material de informação que provenha dos fabricantes. Ela quer mandar no cliente, assim como a Castorama, o Carrefour, a Point P ou, futuramente, a Sephora.

Com a Internet e as bases de dados de clientes que a acompanham, a marca tem recursos para se tornar realmente interativa, portanto, para se reapropriar da informação do cliente que ela mesma criou, direito que hoje a distribuição lhe nega. Mais ainda, trata-se fundamentalmente de se reapropriar do próprio consumidor. Limitada à publicidade e a uma porção de prateleira, a marca era cortada de seu próprio público, aquele que ela construiu. A problemática dos *sites* de Internet é retomar a relação perdida, criar uma relação direta; isto, se o consumidor quiser, evidentemente.

Para encorajar a relação direta, é preciso mais do que a notoriedade: um verdadeiro serviço. A Web e as bases de dados relacionais que a acompanham permitem isolar clientelas bastante específicas, fornecer-lhes um serviço personalizado, animar uma política de eventos pessoais, apresentar até uma oferta sob medida, feita de propostas adaptadas, de qualquer forma, "customizadas", portanto, maximizando o valor junto aos consumidores. A rede é efetivamente uma fantástica ferramenta de conhecimento da clientela, seus gostos evolutivos, suas reações a esta ou àquela oferta, bem melhor que qualquer estudo feito em loja. A marca poderá até conversar com os clientes que o desejarem.

Naturalmente, os revendedores não vão deixar barato: eles têm a vantagem da proximidade física, humana, e da transversalidade. Quando souberem tratar a informação gigantesca que sai de seus caixas, poderão ter uma verdadeira visão de múltiplas seções de cada um de seus clientes e fazer-lhes propostas cruzadas. É por isso que a lógica dos grupos permite somente contrabalançar essa transversalidade que constitui a força dos revendedores: a base de dados do Grupo Danone reúne todos os grandes compradores do conjunto dos produtos do Grupo (ou seja, mais de 2 milhões de pessoas). Ela autoriza propostas unidas, o que reduz os custos para cada marca. Não é por acaso que o Grupo Danone acaba de criar uma diretoria de relações com clientes, acima das técnicas e outras CRMs, diretamente ligada à direção-geral. É uma medida da problemática.

Complementaridade ou canibalização das redes? Sabe-se que a venda por múltiplos canais sempre é uma fonte de dificuldades. Por exemplo, marcas como Yves Rocher ou Damart vendem ao mesmo tempo em loja e por meio de catálogo. Se sinergias existem, ou até complementaridades, quando quase não há pontos de venda próximos dos clientes potenciais, cada canal possui, apesar disso, a sua própria lógica. Assim, a venda por correspondência funciona unicamente por meio de ofertas promocionais: basta olhar os formulários para pedidos de compra da Yves Rocher para convencer-se disso. As lojas, ao contrário, têm como objetivo valorizar a oferta, daí a dificuldade. É por isso que a marca Cyrillus, linha de roupas da BCBG da La Redoute, que antes era vendida exclusivamente por catálogo, encerrou suas atividades de venda por correspondência a partir do momento em que estendia as suas lojas.

É atribuída ao dono da Virgin, Richard Branson, a seguinte frase em relação ao comércio eletrônico "Prefiro eu mesmo cortar meu braço do que deixar outra pessoa fazê-lo". Essa frase levanta a questão, ainda aberta no momento, do impacto dos *sites* de comércio eletrônico na atividade dita *brick and mortar*. Ora, as primeiras experiências parecem tranqüilizadoras. O *Financial Times* na Internet atinge uma clientela nova, inicialmente não consumidora da versão em papel, mas que segue esse caminho. Contrariamente às expectativas, a circulação do *Financial Times* cresceu, depois da existência de uma versão eletrônica, pois cada mídia tem sua especificidade: a Internet tem a vantagem da instantaneidade, o papel da objetividade e da análise. A Fnac *online* alcança consumidores que vivem um pouco longe de suas lojas.

As marcas de luxo que cultivam a raridade por meio de uma distribuição restrita vão poder ampliar a sua clientela. Existe, de fato, uma clientela típica de loja (mais feminina do que masculina) que está longe de cobrir o conjunto da clientela potencial. Alguns clientes privilegiam o aspecto prático e fácil das compras pela Internet e reclamam ao se deslocar. Por outro lado, para alguns tipos de compra, como recargas anuais de agendas, permitir o reabastecimento via Internet é um dos serviços menos importantes. Portanto, é preciso encarar a rede internacional e a distribuição dita tradicional como complementares: os carros personalizados que a Renault venderá diretamente em seu *site* serão entregues pelas concessionárias. Quanto à indústria do luxo, o domínio dos produtos sensoriais, iremos olhar na Internet e tocar, experimentar na loja, com o risco de comprar mais tarde pela própria Internet.

Uma coisa é certa: a relação dos vendedores da Fnac com clientes que já visitaram o *site* e se informaram bem é diferente daquela que tinham com um cliente não informado. Isto requer uma nova atitude, novas respostas e, portanto, uma formação específica.

O equilíbrio dos preços. O exemplo da indústria do luxo ilustra um verdadeiro desafio da Internet para as marcas: a rediscussão dos equilíbrios econômicos lentamente construídos por meio de uma adaptação dos preços aos países. Não se pode vender um perfume com o mesmo preço em Tóquio e em Los Angeles: os custos das lojas não são os mesmos, assim como os custos do trabalho ou os impostos e direitos. É por isso que os turistas japoneses se acotovelam nas portas das lojas de luxo parisienses. Ora, uma das principais motivações do internauta é a busca do bom negócio. *A priori*, os *sites* de marcas não oferecerão descontos em relação aos preços locais para não alienar a sua própria distribuição e, assim, até mesmo a essência de seu fundo de comércio. Isso encorajará de fato a criação de *sites* piratas que se abastecem no mercado paralelo para vender 20% mais barato ou menos. É o que já acontece com a Ashford para as marcas de luxo, que até uma data recente se abastecia 80% em importações paralelas. Porém, assim como a falsificação, é o preço a ser pago pela marca para ter o controle de seus equilíbrios financeiros.

No entanto, a recente evolução da jurisprudência indica que a noção de loja exclusiva será estendida à Internet: no que se refere às marcas de luxo, somente as lojas autorizadas no mundo real terão a possibilidade de vender pela rede. É uma grande oportunidade para essas marcas. Elas podem se aproveitar disso para se desmultiplicar infinitamente, transferindo uma parte de seu *site* próprio para o *site* da loja. É o que faz a Lancôme, que dispõe de um quiosque virtual no *site* da loja de departamentos Macy's e dá conselhos para as mulheres sobre a harmonia das cores para a sua linha de maquiagem.

Como se vê, a Internet abre grandes possibilidades mas, ao mesmo tempo, também apresenta problemas que deverão ser necessariamente resolvidos. Depois das tentativas e das experiências do começo, as lições começam a ser aprendidas para o maior proveito de todos. O pragmatismo é o caminho da descoberta das possibilidades ainda inexploradas da Internet para as marcas.

A MARCA PÓS-INTERNET

A compreensão do impacto profundo da Internet nas marcas foi desfavorecida pelo fato de essa ferramenta ter sido levada por um efeito de moda desde o seu nascimento. Isso explica os exageros e a perda das referências que se seguiram, causando desilusões financeiras em muitos *business angels* potenciais. Qual foi o executivo que não investiu a preço de *dumping* em alguma empresa pontocom promissora de um de seus amigos?

Desde que o fenômeno Internet explodiu, a compreensão sobre a mesma progrediu. Uma vez desaparecido o efeito de moda e passados os discursos milenaristas que anunciavam a obsolescência imediata de todos os meios de comunicação anteriores ou a ausência de salvação fora desse novo modo de relação universal, todos puderam integrar o fenômeno Internet, estando ou não no mundo virtual. Nas empresas, o impacto principal está acima das marcas, em nível organizacional; de fato, o efeito de poder para todo cliente ter acesso em *marketing* um a um a uma empresa exige um reagrupamento interno: para o cliente do um a um, a empresa é "una e indivisível". Ora, não é o que acontece. O segundo impacto da Internet para as empresas reside no *e*-fornecimento: filões de produtividade foram encontrados lá.

No nível pós-venda (o do mercado), paradoxalmente, o impacto da Internet não está tanto em seu uso, que crescerá de maneira inevitável, e, sim, nos valores que promove agora e que influenciam os comportamentos de todos os atores. Nesse sentido, pode-se falar em marca "pós-Internet", ou seja, tendo superado os discursos publicitários da Internet sobre ela mesma para dela retirar o essencial: os valores. Esses valores já estão sendo trabalhados nos próprios consumidores, em suas relações cotidianas com as marcas nas lojas, ao telefone, perante os vendedores, os influenciadores, etc. Vamos examiná-los.

Os novos valores do mercado. Não devemos esquecer que a penetração da Internet é, antes de tudo, grande entre os jovens e as CSP (Categorias Sócio-Profissionais) elevadas da população. Ora, esses dois segmentos são líderes de opinião. Os valores e comportamentos já presentes vão, portanto, se dispersar.

Como é que a Internet já afetou de forma duradoura as expectativas dos clientes atuais e modificou os seus comportamentos a ponto de tornar intoleráveis respostas de marca, antes habituais? As marcas agora devem integrar a nova sensibilidade dos clientes.

1. A Internet criou uma cultura de interatividade. É por isso que todas as mídias objetivam aumentar as suas taxas de interatividade. Isso envolve o *hardware*, as ferramentas (televisão interativa), mas também os *softwares* (publicidade interativa de marca, vontade de encontrar diretamente os clientes para iniciar o diálogo, colocar-se em situação de ouvidoria, etc.).
2. A Internet cria uma cultura de participação. Não há mais, de um lado, os consumidores e, de outro, a empresa. Os consumidores querem participar ativamente. Aliás, isso apresenta, todavia, dificuldades nos setores nos quais o *marketing* da oferta domina (na indústria do luxo, por exemplo). Na indústria do luxo, o gesto criativo é o do criador. Não é como no *marketing* clássico, fruto dos estudos e da escuta do cliente.
3. A Internet criou a cultura da expressão livre. Pode-se observar como a Danone se retraiu desde a criação do *site* livre jeboycottedanone.com (que equivaleria a "euboicotoadanone.com"). Ela deverá se acostumar com esse fenômeno de tomada da palavra espontânea, descontrolada. É preciso até mesmo encorajá-la dentro de si por meio dos *call centers* ou *chats* da marca.
4. A Internet criou a cultura do acesso direto. A empresa não está mais escondida atrás de sua sede de vidro e seus prédios, ela pode ser interrogada através de um clicar de *mouse*. As conseqüências para a organização são consideráveis. Agora, é necessário saber responder, o que implica um processo de produção das respostas rápido, confiável e atualizado. Essa informação deve ser definida com precisão (trata-se, portanto, do fim da improvisação) e difundida na empresa para facilitar as respostas às dúvidas imprevisíveis, mas iminentes.
5. A Internet criou a cultura da rapidez – *fast economy*, como dizem. Porém, isso afeta até mesmo as expectativas em matéria de entrega pelas vias habituais: esperar uma entrega por três ou quatro dias agora parece sinal de um desleixo da loja – e uma recusa de serviço.
6. A Internet criou a cultura da relação simples, descontraída, humana e muito personalizada (o efeito *e-mail*). Diante da automatização das ferramentas de CRM, constatável nos *call centers*, tem-se vontade de dizer: menos CRM, mais relações personalizadas, humanas.
7. A Internet desenvolveu a cultura do serviço personalizado, a ponto de a recusa de serviço nos pontos de venda habituais agora parecer inaceitável.

8. A Internet desenvolveu a cultura das alianças. Para estar visível na Internet, considerada a infinidade dos atores, é preciso ter referências, referências cruzadas, multiplicar os *links* com outros *sites*, outras marcas. A *co-opetition* (colaboração com os seus melhores concorrentes) torna-se regra nos portais setoriais ou funcionais, ou mesmo nas plataformas de compra B2B (*business to business*). Essa conduta possui prolongamentos na ascensão do *co-branding* e do *co-sponsoring*. A marca se enriquece por meio da escolha de seus parceiros.
9. A Internet desenvolveu a cultura da informação contínua. Nesse aspecto, a marca pode ser comparada a uma mídia, um emissor contínuo. É possível interessar-se por esse emissor sem, entretanto, ser um consumidor físico dela, o que inicia, como se vê, um novo tipo de relação: a relação virtual, mas não física. A marca deverá raciocinar não somente em termos de painéis, de penetração (porcentagem de lares que consomem), mas de audiência, de freqüentação de suas ondas, linhas, imagens. Como disse J.-F. Variot, guru da Internet, a marca agora está "mediativa"[1]. A informação contínua leva, aliás, a recompor completamente o arsenal de ferramentas da comunicação. Será que é necessário um equivalente virtual em todas as brochuras, cartões comerciais ou institucionais? Ou, antes, será que não é tempo de pensar em uma verdadeira estratégia da informação dos clientes reais, clientes potenciais e parceiros, integrando de acordo com os momentos e os hábitos nos mundos real e virtual?

Eis algumas das modificações essenciais já operantes. Não é por acaso que a nova assinatura publicitária da France Telecom distingue bem o "com", a exemplo do brilho das pontocom. Isso não significa que a France Telecom esteja se tornando um provedor de acesso à Internet, mas, sim que a cultura da Internet agora está onipresente, que as organizações e as marcas devem ser feitas disso. O que não quer dizer, como também se sabe agora, que as marcas devam se tornar totalmente virtuais. A experiência mostrou, de fato, que os consumidores estão em múltiplos canais. Eles querem ter a escolha dos modos de acesso. Algumas pessoas querem somente contato direto; outras, contato telefônico; outras ainda, Internet móvel; outras (a maioria), enfim, querem poder variar. A Ze Bank aprendeu rapidamente que o seu modelo de negócio era errado: 33% de seus clientes desejavam conversar ao telefone. Realmente, não se pode estar desfalcado. Todos os *sites* exclusivamente *online* aprenderam isso "na mar-

---

[1] VARIOT, J.-F. *La Marque Post Publicitaire.* Paris: Village Mondial, 2001.

ra", para a maior satisfação dos clientes. Foi preciso, pois, incluir teleatores de qualidade.

Os *sites* de venda *online* também mediram o pragmatismo dos clientes: estima-se que, para cada compra feita *online*, sete são feitas em loja. A Internet não se resume, portanto, à venda, como concorrente da loja, mas é (juntamente com a clássica chamada telefônica) a tão sonhada substituta do vendedor especialista atento e paciente que, de qualquer forma, não se encontra em loja nenhuma. Como uma ferramenta de pré-informação, pós-informação, o ato de compra é realizado com mais freqüência em lojas.

Um verdadeiro valor agregado: a experiência Web. Várias idéias correram a respeito do impacto da Internet nas marcas. Seria novamente o fim das marcas? Inevitavelmente, é o fim de um certo tipo de marca. Porém, a Internet e a lógica *one to one* que a sustentam agora têm vários anos de existência e lições podem ser aprendidas.

Em primeiro lugar, o *marketing* de massa não será substituído pelo *marketing* um a um, simplesmente porque a marca não é mais construída por meio do um a um. O que é efetivamente uma marca senão uma referência? Portanto, é uma referência coletiva. Tomemos como exemplo um dos pilares do força da massa, do capital de marca: a notoriedade. Evidentemente, pela Internet uma pessoa pode tomar conhecimento da existência de uma marca desconhecida. Porém, o que vale para essa pessoa, o sentimento de ser uma das únicas a conhecer essa marca em seu meio social? A notoriedade só tem valor porque é compartilhada. É o fato de saber que muitos outros a julgam confiável, função primeira da notoriedade.

O mesmo acontece com a imagem. As opiniões são coletivas. Adquirimos apenas certezas sociais. A imagem de uma marca não é a soma das opiniões individuais, mas o contrário. A comunidade das opiniões, o caráter coletivo da imagem de marca é fonte de certeza (isso tranqüiliza) e, portanto, de valor. Enfim, a partir do momento em que a marca tem uma expressão de si, é importante que a sua mensagem seja decifrada por todos. Ao comprar uma marca Cartier, o cliente sabe que seus vizinhos, seus conhecidos e amigos conhecem o preço e o significado, que recaem no seu dono e na sua própria imagem. A marca se constrói, pois, por meio do coletivo, seja de mídia ou factual.

Em contrapartida, a marca tem tudo para ganhar do um a um no reforço de seu valor por meio do serviço e da relação.

Ainda não se tomou consciência o suficiente da especificidade da mídia Internet, pois é efetivamente uma mídia pessoal. Como está constantemente aberta, deve, portanto, oferecer uma resposta situacional: uma informação e experiência pertinentes, gratificantes e excitantes, quaisquer que sejam as expectativas do internauta. Nada é mais estranho a essa mídia, pois, do que a repetição "copiada e colada" das mensagens publicitárias ou dos catálogos fixos provindos das outras mídias. As palavras-chave são: personalização, interação, intimidade, mudança permanente (renovação, valor de base da gestão de uma mídia).

Portanto, primeiramente, um *site* deve ter o poder de levar a um cliente potencial ou real um serviço único e uma experiência sensorial valorizante em um procedimento comercial. Não importa a etapa na qual essa conduta esteja, algumas informações devem ser proporcionadas:

- conhecer a oferta;
- compreender a oferta;
- ajudar a escolher (como a marca de dermocosmética Vichy, que começa por um diagnóstico da pele antes de fazer uma prescrição);
- referente ao pós-venda: saber utilizar cada produto (colocar as instruções de uso *online*).

Essas informações devem ser dadas em um contexto valorizante e constituir uma verdadeira e grande experiência Web: isso explica a importância do *design* sonoro, da organização, dos ambientes. Estamos em um verdadeiro lugar de marca. Como contragolpe, elas impactarão, aliás, nas expectativas dos consumidores em suas outras experiências do mundo real: com os produtos, os vendedores, as lojas, etc.

Marca ou mídia? A Internet, sobretudo, dá uma oportunidade única de modificar a relação com o cliente, induzir um modo de relação exclusivo à marca, o que envolve, na verdade, o abandono de uma perspectiva puramente comercial. A Internet pode criar uma verdadeira cumplicidade se, a exemplo das rádios que se escuta de maneira muito íntima e personalizada, a marca disser não de si mesma, mas dos ouvintes, e fizer com que estes falem entre si sobre os assuntos de sua escolha, e não de modo forçado sobre os produtos. A marca é *réseau-nance**. De fato, na palavra Internet, há "inter", ou seja, "entre". A marca deve ser vivida como uma verdadeira mídia, um catalisador de afinidades, um animador de rede.

Atribui-se ao guru francês da Internet, J.-F. Variot, o primeiro destaque nessa radical modificação. Falando de "marca mediativa", ele revelou o novo estatuto da marca, como aquela que oferece informações e também, assim, uma nova experiência, que se acrescenta (e impacta) às ou-

---

*N. do T.: Aqui, o autor fez um trocadilho entre as palavras *réseau* (rede) e *résonance* (ressonância).

tras. Sabe-se efetivamente que a marca é construída pela soma de seus contatos (contatos com o produto, o vendedor, o serviço, a publicidade, as fábricas, as informações à imprensa, etc.). A experiência Web se transforma intrinsecamente em uma fonte de valor, contanto que explore bem a especificidade dessa mídia, cujas possibilidades técnicas não param de evoluir, tornando a visita cada vez mais interessante e gratificante, com a condição de que a marca invista seriamente nisso.

É o que começa a ocorrer com algumas marcas e inevitavelmente o será para todas, pois qual marca irá querer sofrer um desfalque relacional?

AS MARCAS ELETRÔNICAS SÃO MARCAS?[2]

As decepções da Nasdaq em 2001 parecem ter virado a primeira página da era das marcas na Internet. Depois de uma bolha especulativa e de mídia que deixou crer por um instante que as leis da economia haviam desaparecido, estas reprimiram investidores, incubadoras e *e-managers*.

No entanto, que não nos entendam mal, o fim do início não é o início do fim. A Internet é um fenômeno que vai estruturar a nossa sociedade, modelar nossos modos de vida, redefinir nossas expectativas e nossas impaciências. O processo está em curso, pois os consumidores que experimentaram solicitam-no novamente.

As marcas puras da Internet, também chamadas de *e-brands* ou pontocoms, abordam o novo século em um contexto decididamente diferente daquele de suas origens. Para crescer e prosperar, deverão lembrar o que é uma marca na realidade e quais são os fatores de seu sucesso. Todavia, se a *e-brand* tem muito a aprender sobre a marca, o contexto da Internet cria, apesar disso, condições muito específicas que transformam por si sós a gestão tradicional das marcas.

É o valor que cria a valorização. Um dos temas acalorados do início dos anos 90 foi o debate sobre a valorização das marcas. Seria preciso inscrever as marcas no balanço? Já que as marcas eram finalmente reconhecidas como o capital da empresa, era preciso mesmo fazê-lo aparecer nas contas sociais. Não faltavam métodos de valorização. Desde então, todo ano o *ranking* das valorizações retém a atenção dos analistas preocupados em saber se a Coca-Cola ainda é o maior *brand equity* ou se é a Intel ou a Microsoft. A recente chegada nesses *rankings* de nomes dos quais nem se falava há cinco anos foi alvo de uma bomba. Yahoo, Cisco, Amazon, etc.

[2] De acordo com um artigo publicado na *Revue de Marques*, primavera de 2001.

ultrapassavam a valorização de grandes nomes célebres da alta roda das marcas globais habituais. Além dessas estrelas, quase todas as *e-brands* recentemente criadas só pensavam na introdução no mercado financeiro, avançando perspectivas de valorização consideráveis. O paradoxo, como todos sabem, é que elas ainda tinham poucos clientes fiéis, pouca renda e estavam longe de cobrir seus gastos de funcionamento. A maioria das que se gabavam com pontuações de notoriedade espontânea elevadas eram mais discretas em suas vendas.

Portanto, estamos vivenciando uma época em que a valorização antecedeu o valor. Ora, em toda lógica, o valor criado para os clientes é a única base de valorização séria. É verdade que as *e-brands* dessa época inovaram ao criar um modo de funcionamento que visava mais aos investidores e menos aos consumidores: a criação de valor. A lógica dominante pretendia reunir um alto escalão significativo de vários milhões de euros, a fim de investir rapidamente em uma campanha publicitária *offline*, essencialmente na televisão e em canais de qualidade – isso, para interessar a um outro alto escalão e reinvestir na publicidade o mais rápido possível. A notoriedade espontânea assim criada produziria curiosidade, faria clicar, olhar as páginas, mas principalmente impressionaria os investidores seguros em deter um dos vencedores do futuro. Não era nem B2C, nem B2B, mas sim B2I, *business to institutions*. O objetivo era, a prazo – o mais curto possível –, a entrada no mercado financeiro. Porém, esses filmes fracassaram na função primeira de toda propaganda de lançamento: recrutar uma clientela realmente interessada pelo conceito que forneceria a base dos clientes fiéis e prosélitos. Quantas *start ups* não nos informaram *off record* sobre o fato de que os cliques iniciais vinham de internautas curiosos, mas que não compravam nada? É verdade que a Internet tem seus aficionados, jovens, hipercuriosos, à espera das últimas inovações, mas, também, dessa maneira, muito infiéis e inconstantes. Assim como nasceram dezenas de revistas sobre a Internet, sem falar dos suplementos de jornais ou revistas habituais, cada nova campanha fez a alegria das redações, pois permitia falar dela, na medida em que as *e-brands* haviam aparentemente inventado um novo modo de comunicação com o mercado.

Revolução na comunicação? Como muitas pontocoms puras eram dirigidas por jovens administradores, muito empreendedores mas inexperientes e, devemos reconhecer, mal aconselhados por suas agências, a imitação foi um modo de gestão dominante durante alguns meses. Se alguém o fizesse e repercutisse na imprensa, é porque devia ser feito. Isso explica a impressão de clonagem e de moda que prevalece, por exemplo, no próprio critério de escolha do nome das marcas: Wanadoo, Kelkoo, Koobuy, etc. Ora, a essência da marca não é a diferenciação?

O mesmo aconteceu com a publicidade. A obsessão da vantagem do pioneiro levou a privilegiar a publicidade *offline* – e, assim, a velocidade de aquisição de notoriedade – com uma consideração completamente diferente. Considerado o poder de repercussão das mídias que não falavam mais a não ser da Internet durante esse período, isso permitiu criar em torno da marca um *buzz*, dito de outro modo, um boato positivo, que tinha a imensa vantagem de influenciar pelo menos um público comprador: o dos investidores, ainda mais inclinados a se unir a altos escalões de números crescentes de francos a euros. Foi possível dizer que a publicidade foi, no mínimo, eficaz nesse sentido de que permitiu reunir somas crescentes para ainda mais publicidade.

Porém, os clientes e os volumes de negócios muitas vezes fizeram falta. Certamente, houve cliques, mas não compras suficientes para uns, nem receitas publicitárias para outros. Não se resume uma marca a uma notoriedade. Uma marca é primeiramente uma grande idéia, apoiada em uma equação econômica favorável. Passemos para o problema dessa equação: muito se escreveu sobre os incontornáveis custos de logística, que fazem com que os Ooshop e Houra da vida, bajulados pela imprensa, estejam à procura do equilíbrio financeiro. Seria preciso se render à pressão da mídia.

O mais grave foi a ausência de verdadeiro conceito, diferente daquele da concorrência ou correspondente a uma verdadeira motivação a longo prazo, apenas passível de acarretar a recompra e de fazer a pontocom voltar a entrar na vida virtual do consumidor – e isso sobretudo em B2C.

Os critérios que compõem a marca. O que é uma marca? Basicamente, um nome (e seus signos associados) que influencia a **compra**. O que é uma grande marca? Um nome ao qual, além do que foi citado, está associada uma emoção, junto a um número enorme de compradores potenciais. Não existe, na verdade, uma grande marca sem relação emocional. É essa ligação – em inglês, *commitment* – que produz esse desejo de continuar a relação, do ponto de vista do comprador, o que se traduz pela fidelidade à marca. O valor de uma marca é medido pela sua capacidade de criar um vínculo de fidelidade perene com o consumidor, em um certo nível de preço.

Devemos reconhecer que as pontocoms puras como, por exemplo, o iBazar, um *site* de leilões entre particulares, o Kelkoo, um guia de compras *online*, ou ainda a Château OnLine, etc., tiveram sucesso com sua estratégia de notoriedade. Ao investir maciçamente em publicidade para serem as primeiras, conseguiram notavelmente o *top of mind* de sua categoria, a ponto até mesmo de o consumidor se perguntar quais são os outros *sites*. O iBazar reproduziu esse modelo vencedor por toda a Europa, a ponto de criar uma fantástica barreira de entrada para o eBay, o número 1 americano, que, para penetrar, não teve outra saída a não ser comprar o iBazar (que, além disso, teve a sábia idéia de registrar a marca eBay na França).

Além da notoriedade, esses *sites* haviam monopolizado os visitantes e as páginas vistas, a ponto de nos perguntarmos (ver p. 127) se na Internet existe espaço para um segundo lugar. Essas marcas eram, pois, dotadas de um verdadeiro poder de mercado: uma posição dominante que constituía também um verdadeiro ativo imaterial, valorizável em um balanço.

Esses *sites* também conseguiram fidelizar. O iBazar o fez essencialmente por meio do fenômeno dito de externalidade de rede: quanto mais adeptos de um *site* de leilões há, mais os ofertantes arriscam encontrar um melhor comprador e vice-versa. O visitante do iBazar fica com tanto interesse em voltar a esse *site* que ele não pára de crescer. Sem falar no fato de que ao voltar a esse mesmo *site*, o internauta não tem de aprender novamente a navegar nele. Ele tem as suas referências, quando não é diretamente reconhecido, situado e saudado como um amigo fiel. São tantos os fatores que criam um bloqueio para a saída ou para a freqüentação de *sites* concorrentes; em todo caso, há uma propensão mecânica à "refreqüentação" – isso, se o serviço for de qualidade e não parar de se aperfeiçoar para se adaptar a clientes que se sofisticam e cuja exigência cresce.

Proximidade virtual e proximidade psicológica. No entanto, essas marcas são marcas como as outras?

Os estudos mostram que a proximidade ainda lhe faz falta. Isso pode parecer paradoxal em um momento em que a Internet é apresentada como alfa e ômega da personalização. Porém, os fatos estão aí. Interrogados, os consumidores hesitam em mencionar as pontocoms: "É uma marca da qual me sinto próximo", como se a relação de refreqüentação, mesmo que sistemática, não se transformasse mais uma vez em verdadeira familiaridade, intimidade, cumplicidade. Será que se freqüenta o iBazar porque se prefere o iBazar ou porque é o único que vem à cabeça e, portanto, no qual se clica e reclica, por meio da economia de esforço, na lista de favoritos?

Para alguns, esse déficit de proximidade seria estrutural: sempre faltará às pontocoms puras uma dimensão sensorial, física, palpável, sem a qual não é possível ter uma verdadeira proximidade. O que fica dessas marcas quando o computador é desligado?

Para outros, é um fenômeno provisório. A proximidade relacional se constrói com o tempo, pelo uso repetido e estendido. Assim, o Yahoo começou evidentemente como uma ferramenta de busca, depois se estendeu a prestações de serviços como meteorologia local e muitos outros. Dessa maneira, penetra mais profundamente na vida virtual de cada um. Por que, na França, as marcas pontocoms nascidas há dois anos – ou raramente mais que isso – aproveitariam os frutos de uma interação prolongada que ainda lhes falta? É o contraponto de sua juventude.

Ao contrário, nos EUA, marcas como a eBay levaram quatro anos para particularizar progressivamente seu conceito e seus serviços: utilizaram pouca publicidade, mas muito mais boca a boca dos primeiros clientes satisfeitos, depois adotantes precoces e, finalmente, clientes prosélitos. Sua reputação foi construída por meio de interações com internautas entusiastas que, além de sua preconização, deram a essas marcas uma dimensão emocional e uma proximidade.

A proximidade, a cumplicidade, enfim, é construída por valores compartilhados. A Amazon é mesmo uma verdadeira marca, no sentido em que carrega valores que vão além do produto, além do simples comércio, fornecendo, por exemplo, em seu *site* uma nova forma de interagir com os outros a respeito dos livros e, agora também, muitos outros produtos. Ela simboliza mais do que a nova economia: pré-figura uma nova sociedade, uma nova era.

Em matéria de mídias, existe uma questão que permite saber de maneira segura se se trata de uma marca no sentido pleno: as pessoas poderiam usar camisetas ostentando a marca? Os consumidores ostentam marcas como outros, há muito tempo, ostentavam brasões, ou seja, sinais de pertença a um sistema de valores. De fato, existem camisetas Elle tanto quanto camisetas Chanel.

No momento, muitos poucos nomes na *e*-economia passariam por esse teste final. Com exceção de algumas, em muitas não se sente quase os valores, paralelamente ao discurso sobre a valorização no mercado financeiro.

Qual é o nome ideal para as marcas de Internet? Estando seguros desses princípios, como se constrói uma marca de Internet? Vamos partir do objetivo de toda marca: apropriar-se de um conceito com uma equação econômica favorável. As primeiras etapas decorrem desse objetivo. A primeira mídia da marca é o seu nome, neste caso, o nome do domínio. Duas escolas se enfrentam a esse respeito. A primeira teme o "generalismo", mal que demonstramos e repudiamos várias vezes: graças à vontade de descrever o serviço, todos os atores chegam a nomes muito próximos (até demais). A meta de um nome de marca, assim como de domínio, não é descrever, mas distinguir. De acordo com essa primeira escola, um *site* de anúncios *online* ou de leilões *online* não deve, sobretudo, se chamar "E-

Auction", mas "eBay", por exemplo (nome do líder mundial). Realmente, haverá inúmeros concorrentes que procurarão utilizar a palavra genérica *auction*, o que criará rapidamente uma confusão no mercado junto aos consumidores. De fato, o líder europeu dos leilões *online* chama-se iBazar, o que não descreve o serviço, mas dá um toque de valor agregado (a palavra "bazar" evoca espontaneamente associações mentais de profusão, excitação, pechincha, relações humanas, diversão, etc.). A palavra "bazar" traz imediatamente valores agregados e uma repercussão emocional.

De acordo com a segunda escola, a apropriação de um serviço envolve também a apropriação de seu nome. Devemos acrescentar que a estratégia de apropriação não se limita ao nome, mas implica um avanço temporal e a exploração desse avanço no plano da comunicação *offline* e *online*. Por isso, a marca líder de comparações de preços chama-se Kelkoo. Para um público francófono, é entendido como *quel coût*? ("quanto custa?"), com um toque de modernidade na ortografia. Note-se, contudo, que para os suecos, alemães, espanhóis e italianos, Kelkoo é um nome puramente conotativo, que evoca, mas não significa nada. O acaso fez com que ele significasse sempre associações mentais positivas (na Alemanha, por exemplo, o som Kelkoo lembra um bom cálculo). O exemplo do primeiro portal dedicado às mulheres na Internet também é revelador: não há nada mais descritivo do que o domínio aufeminin.com! A escolha desse nome correspondia a três objetivos: encontrar um nome explícito para se impor rapidamente, um nome que tivesse um potencial para se tornar uma marca (e portanto, com profundidade emocional) e, evidentemente, que estivesse disponível na Internet (foi comprado de uma pessoa que já o possuía) e igualmente registrável enquanto marca. Devemos acrescentar um quarto critério implícito que deve caracterizar todas as marcas de Internet: seu potencial para serem imediatamente internacionalizáveis. De fato, a aufeminin.com virou enfemenino.com na Espanha, alfemminile.com na Itália e gofeminin.de na Alemanha. Do ponto de vista desse quarto critério, a internacionalização, um nome não-descritivo é mais fácil de ser usado, mas tem o inconveniente no país de origem de não ser tão direto, se for o objetivo.

As etapas do lançamento da *e*-marca. Devemos lembrar que o objetivo é obter muito rapidamente a liderança. Isso requer, em primeiro lugar, um melhor "produto". Melhor não do ponto de vista dos tecnófilos esclarecidos e inconstantes, mas de tudo um pouco. Portanto, é preciso privilegiar a simplicidade de acesso e de navegação para não desencorajar todos os internautas novos. Em segundo lugar, já que a Internet é, por essência, a mídia dos conteúdos personalizados, é necessária uma paleta de opções, bem como conteúdos interativos, ao nível dos centros de interesse-chave dos internautas. O boca a boca dos visitantes surpresos e encantados é um fator-chave de recrutamento. Em terceiro lugar, é preciso encorajar a revisita por parte dos antigos visitantes: isso compreende uma política de ações promocionais permanentes para fidelizar e um fluxo de inovações. Na Internet, assim como em qualquer outro lugar, é por meio das inovações regulares que a marca conserva o seu avanço.

Como a comunicação contribui para construir a marca de Internet? Se a marca tem um avanço temporal sobre os concorrentes, trata-se de capitalizar sobre esse avanço. É por isso que as marcas de Internet na Europa fizeram mais uso da publicidade *offline* do que suas equivalentes americanas, apressadas pelo tempo e pelo frenesi da Internet que punia em 2000 (todos anunciavam a iminente chegada de múltiplos concorrentes). Por exemplo, o portal para as mulheres aufeminin.com, criado em setembro de 1999, gastou aproximadamente 3 milhões de euros com a sua primeira campanha publicitária na imprensa e anúncios de fevereiro de 2000 na França, Espanha e Itália. Entretanto, por ser novidade e pela vantagem de ser pioneira, aproveitou inúmeras repercussões na imprensa feminina. Investiu também em comunicação na Internet, que atinge a audiência certa: a das mulheres ativas, descontraídas e mais jovens que já eram internautas. Finalmente, por seu conteúdo, o *site* aproveitou o círculo virtuoso do boca a boca.

A primeira campanha de comunicação de uma marca deve posicionar, isto é, tornar explícitos os benefícios para os clientes. Não se deve procurar fazer publicidade, mas tornar claro e atraente o conceito do *site*. Por isso, a campanha do aufeminin.com foi direta e informativa: tinha como meta criar audiência, já que o conteúdo estava encarregado de fidelizar. Seu gancho era simples: "aufeminin.com, cliquez pratique" (equivalente a "aufeminin.com, prático como um clique"). O argumento dizia com uma tonalidade alegre e positiva, "porque a cada dia uma mulher vive várias vidas... Encontre respostas, truques, conselhos práticos sobre relacionamento, saúde, filhos, beleza e compartilhe as suas experiências, tudo em um único clique!" A primeira fase da comunicação da marca é justamente posicioná-la: quais são os benefícios? Neste caso, todas as soluções para auxiliar as mulheres no dia-a-dia.

A segunda etapa da comunicação de toda marca visa a ultrapassar o discurso funcional para envolver emocionalmente. As marcas de Internet têm, por exemplo, uma alavanca emocional nas comunidades virtuais que acabam criando. Assim, ao constatar que os fóruns sobre o aufeminin.com eram muito ativos (as mulheres desenvolviam um sentimento muito forte de solidariedade, principal sinal da existência de uma verdadeira comunidade), essa faceta foi usada como argumento na segunda campanha publicitária do portal, em setembro de 2000, dessa vez na televisão. O *spot*, muito simples, dizia "cada vez mais mulheres vão ao aufeminin.com, as mulheres têm cada vez mais perguntas e querem respostas imediatas, elas têm em comum o aufeminin.com". O destaque era feito, como se vê, na relação de cumplicidade e nos benefícios emocionais.

Enriquecer a proposta de valor. A vantagem competitiva da marca de Internet em relação ao seu equivalente *offline* é a instantaneidade e a relação. É por isso que a marca de Internet deve enriquecer constantemente essas duas expectativas intrínsecas associadas à mídia Internet. Isso implica a possibilidade de estar *online* com a atualidade do dia, até mesmo da hora. Em segundo lugar, é preciso reforçar constantemente a relação de intimidade com seus clientes. Finalmente, é por meio da inovação que se fideliza hoje em dia. O aufeminin.com passou, assim, de um posicionamento inicial puramente funcional a um mais amplo, com tendências e novos produtos. É verdade que a interatividade permite aos internautas, por exemplo, baixar suas imagens para brincar com elas e simular nelas o efeito das últimas tendências de cabelos lançadas por J. Dessange com suas últimas colorações. Além disso, ao adquirir audiência, o peso do *site* permite-lhe inserir-se no mundo da moda e, por exemplo, oferecer aos internautas a possibilidade de acompanhar *online* os desfiles de moda ao vivo. Quanto ao reforço do vínculo, ele se opera sempre por meio de mais personalização, como, por exemplo, a possibilidade para as "leitoras" de enviar para o *site* uma foto de seu bebê e poder, assim, "admirá-lo *online* e participar do concurso do bebê mais bonito do mês". Isso também envolve fóruns sobre temas implicadores.

Saber fazer o modelo de negócio evoluir rapidamente. A vida das marcas na Internet é como em qualquer outro lugar, submetida a sua viabilidade econômica. É preciso, pois, ser capaz de fazer a equação econômica de partida evoluir, se esta se revelar insuficiente para garantir a lucratividade. Assim, a Ze Bank rapidamente tomou consciência de que 33% de seus clientes queriam uma relação exclusiva por telefone e não pela Internet. No entanto, os custos de uma hora de interação telefônica não têm nenhuma medida com os de um contato virtual. Já que não previu isso no modelo de negócio de partida, as perspectivas de rentabilidade da Ze Bank se afastaram proporcionalmente. O *site* de comparação de preços Kelkoo.com se remunera por meio de uma comissão, não sobre as vendas realizadas juntos aos pontos de venda que terá indicado ao internauta como aqueles que oferecem o produto procurado pelo menor preço, mas sobre os cliques. De fato, o Kelkoo não pode controlar o que acontece com o internauta quando ela está no *site* de compra. Ele ganha, portanto, sobre o clique, oferecendo o melhor preço a este. Porém, como isso se revelou insuficiente, o Kelkoo desenvolveu uma oferta junto às marcas, permitindo-lhes tomar conhecimento de sua "participação de mercado" junto aos internautas que procuravam pelo melhor preço para este ou aquele produto (portanto, esta ou aquela marca). O Kelkoo acabou permitindo-lhes, sobretudo, comunicar junto a esse alvo por meio de argumentos apropriados. Basicamente, o Kelkoo é um notável qualificador de audiência. Agora, ele oferece uma audiência muito importante, conseqüência de sua liderança e da capacidade de direcionar no momento certo junto a internautas que procuram um produto em particular. É, portanto, uma ferramenta interessante de *marketing* direto. É uma empresa pontocom rentável.

O aufeminin.com também adquiriu a posição de líder na França, Espanha e Itália, com aproximadamente um milhão de visitantes diferentes por mês, ou seja, o equivalente a uma grande loja feminina. Considerado o tamanho de sua audiência e de seu perfil sociocultural (mais jovem, mais ativo, com rendas médias mais elevadas), o *site* interessa aos anunciantes para apresentar os novos produtos, fazer *marketing* direto. O *site* também desenvolveu uma atividade de comércio e de ofertas de produtos com parceiros. Finalmente, acaba de criar serviços pagos para as "leitoras".

EXISTE ESPAÇO PARA UM SEGUNDO LUGAR NA INTERNET?[3]

A chegada da Amazon.fr no mercado da venda *online* de livros e CDs na França, bem como em todos os países da Europa, interessou a todos os observadores e agentes desse mercado, e isso é normal. Porém, por trás das falas seguras dos atores já detentores de participações de mercados, perfilava-se uma inquietude associada àquilo que poderia muito bem ser uma diferença fundamental entre a estrutura de concorrência da economia dita clássica e a da nova economia. O risco, na verdade, não era que a Amazon redistribuísse na França as fatias ou participações de mercado que, por outro lado, teria contribuído amplamente para fazer crescer, por seu lançamento brutal. O risco era que a Amazon eliminasse os outros atores, como costuma acontecer em muitas categorias ou domínios na Internet.

Na concorrência entre marcas da economia clássica, ao lado do líder, muitas vezes existe espaço para um segundo lugar. Assim, temos Coca-

[3] Conforme um artigo publicado no *Les Échos*, 30 de outubro de 2000.

Cola e Pepsi, McDonald's e Quick, Avis e Hertz, Adecco e Manpower, Sanford e Bic, etc. No mundo real, quatro fatores contribuem para o surgimento de ilustres desafiantes.

- O primeiro é a distribuição. Esta é uma intermediária entre os fabricantes e os consumidores. A distribuição detesta depender apenas de um único fornecedor dominante. Ela também faz de tudo para suscitar uma concorrência, encorajando o desafiante a fazer contrapeso.
- O segundo fator se deve a diferenças de acessibilidade: assim, a proximidade é um fator essencial de escolha de uma loja de conveniência ou de um restaurante de *fast food*. É por isso que, ao ocupar localizações de qualidade, a Quick resistiu bem ao gigante mundial McDonald's.
- O terceiro é uma reação dos próprios consumidores ao excesso de tamanho: quando uma marca é visivelmente consumida por todo o mundo, isso cria um movimento em sentido inverso junto a uma grande parte dos clientes. Naturalmente, é o caso da indústria da moda: ver uma marca usada por todos prejudica o desejo de se distinguir. Mas esse fenômeno também é observado em produtos desprovidos de função de signo: assim, existem os anti-Michelins.
- O quarto fator é a existência de uma segmentação dos clientes em grupos que possuem uma psicologia muito diferente uns dos outros.

Devemos reconhecer que, na Internet, três desses fatores favoráveis às desafiantes desaparecem. Por isso, a Internet é o lugar privilegiado da desintermediação: igualmente, o jogo de contrapeso de que os revendedores gostam não existe mais neste caso. Em segundo lugar, as diferenças de proximidade não existem na Internet: todas as marcas estão acessíveis de forma igual. Quando uma marca pontocom é muito visitada e dispõe de uma grande participação de mercado, seu caráter imaterial, a não-visibilidade de sua freqüentação atenua enormemente a terceira alavanca mencionada acima. Resta, então, somente a segmentação para autorizar o desenvolvimento concomitante de duas ou várias marcas no mesmo campo ou categoria de necessidade: por exemplo, diante da Amazon, a maior livraria *online*, a Chapitre.com se concentra nos livros raros e difíceis de encontrar.

Em contrapartida, na Internet, vários fatores específicos acentuam a tendência à criação de monopólios. Basta, por exemplo, examinar a estrutura das participações de mercado no campo dos leilões *online* para constatar que o iBazar desfrutava de uma participação de mercado dominante (o que lhe permitiu ser vendido ao líder mundial eBay). O Kelkoo está a ponto de fazer o mesmo no campo dos auxílios à compra e comparações de preços. Já que não possuem realidade física, as marcas da rede se baseiam essencialmente nos mecanismos da memória humana e da notoriedade dita espontânea. Ora, como o primeiro entra nessa memória dos consumidores (por exemplo, por meio de uma intensa comunicação *offline*, duradoura no tempo), cria um fenômeno de bloqueio memorial, que é uma das causas do famoso prêmio ao pioneiro em um mercado.

Em segundo lugar, quanto mais um cliente visita um *site*, mais se habitua à sua organização, mais facilmente ele se situa, sem falar da interatividade, que fará com que o *site* o reconheça rapidamente a cada clique e aumente a sua satisfação pela rapidez e pela personalização decorrentes.

Enfim, na Internet, o sucesso aumenta o sucesso. A exemplo de *softwares* como o Word ou o Excel (quanto mais difundidos são, mais facilitam a comunicação entre computadores na transferência de arquivos), o aumento da freqüentação de um *site* produz benefícios para os próprios usuários: melhores preços, trocas ou *chats* entre clientes, confiabilidade, conselhos que podem ser trocados com mais facilidade entre clientes de um mesmo *site*. Por exemplo, quanto mais um *site* de leilões *online* é freqüentado, mais chance se tem de encontrar nele fanáticos que leiloarão um antigo CD raríssimo de JJ Cale. Da mesma forma, quanto mais um fórum dedicado aos problemas de educação das crianças for freqüentado, mais se poderá encontrar nele respostas rápidas e de qualidade provindas de outros internautas conectados.

Este último fator explica por que na Internet as barreiras para entrar não param de surgir e por que as empresas que entraram tarde não conseguiram ter sucesso, apesar de possuírem uma marca *offline*.

Por exemplo, o portal das mulheres aufeminin.com resistiu a todos os *sites* criados pelas revistas femininas, pela TF1 ou pela Wanadoo. Lançado em setembro de 1999, já contabiliza um número próximo a um milhão de visitantes diferentes por mês, apesar da *Vogue*, *Elle*, etc. A diferença está na qualidade do conteúdo, na gestão dinâmica e renovada dele e na capacidade de ouvir as "leitoras" por meio da gestão da comunidade, dos *softwares* que permitem gerir bem os fóruns e de um *site* que não pára de se desenvolver em termos de conteúdo, agora com aproximadamente mil diretórios e 50.000 páginas acessíveis *online*. A qualidade produz o sucesso, que constitui a melhor barreira à entrada da concorrência.

Se a nossa hipótese for válida, isso quer dizer que as áreas nas quais coexistem várias marcas pontocom correspondem a uma situação provisória, instável: a prazo, para uma determinada necessidade, a distribuição das participações de mercado deve revelar um líder dominante rentável e várias desafiantes dominadas e sendo obrigadas a se venderem. As companhias de capital de risco não devem esquecer disso na escolha de seus investimentos.

A INTERNET E O MERCADO FINANCEIRO: DA EMPRESA À MARCA[4]

De acordo com os dados de audiência da Internet em maio de 2000, o primeiro *site* de informação a domicílio na França foi o Boursorama.com, com 8,5% de penetração dos internautas, ou seja, 341.000 visitantes (não duplicados), cada um consultando esse site em média por 43 minutos (fonte: MMXI Europa). O fato de um *site* sobre o mercado financeiro chegar, de longe, na frente de todos os *sites* de informação geral, diante do Le Monde ou do Les Échos, revela, se fosse necessário, o impacto da Internet sobre os comportamentos dos indivíduos em relação ao mercado financeiro e, portanto, às empresas. Porém, será que estas realmente tomaram consciência desse impacto?

Isso pode significar que a comunicação financeira das sociedades adquiriu uma importância estratégica, a partir do momento em que a obsessão da administração moderna é a criação de valor para os acionistas. Atualmente, esse fenômeno é ampliado pela aceleração das concentrações, fusões e aquisições: sendo fato novo, as transações implicam menos as somas disponíveis, o *cash*, e mais as trocas de ações, isto é, poderes de compra. É por isso que se tornou crucial maximizar o *price earnings ratio*, os múltiplos e, assim, valorizar ainda mais as perspectivas de ganhos futuros. Acompanhando a evolução desse múltiplo, pode-se tornar presa ou predador. Há alguns meses, a Elf poderia ter se apropriado da Total. O tempo decidiu de modo diferente.

Tradicionalmente, uma comunicação financeira saudável consistia em corresponder às expectativas de informação das múltiplas partes envolvidas: jornalistas, analistas, investidores institucionais, gestores de patrimônio, banqueiros e, enfim, o grande público. Ora, esses diferentes atores não possuem a mesma psicologia nem, portanto, as mesmas expectativas de informação. Assim, o grande público costumava ter no mercado financeiro objetivos de longo prazo, o que o tornava bastante insensível às inconstâncias e modas do momento. Os princípios de comunicação financeira continuam verdadeiros, mas a Internet modifica profundamente a psi-

---

[4] Conforme um artigo publicado no Les Échos, 10 de julho de 2000.

cologia dos atores, até cria novos atores aos quais a empresa deve agora corresponder.

Como todos os estudos demonstram, analistas, jornalistas e influenciadores utilizam cada vez mais a Internet, mergulhados no hipertempo e na necessidade de reagir velozmente, de informar imediatamente. Ora, a informação na Internet é mais suscetível aos boatos ou às manipulações: quando antigamente o bom e velho fax chegava, devidamente estampado com o selo da empresa (o logotipo de sua marca), analistas, jornalistas, decisores sabiam reconhecer *de visu* a sua autenticidade. Isso desaparece no anonimato das mensagens via Internet: como autentificar com prontidão sem perder tempo demais? Quem leva esse tempo?

Assim, a Internet "desrealiza" a empresa, torna-a menos tangível, menos fisicamente perceptível. Ao mesmo tempo, a Internet leva ao mercado financeiro uma nova categoria de particulares, os *day traders*. São internautas mais jovens, "jogadores" em busca não de um investimento a longo prazo, mas, de uma vez só, uma mais-valia a curto prazo. Eles são sensíveis aos ruídos, às "dicas". Não conhecem necessariamente a empresa. O que mais conta é aquilo que é dito sobre a empresa, sua imagem do momento e as conjecturas associadas ao seu nome, e menos a sua realidade.

Essa tendência "desrealizante" atinge as empresas por meio de um terceiro público: o dos investidores geograficamente distantes, mas a quem a Internet permite agora intervir onde bem entendem, em todos os mercados financeiros. Para eles, a empresa não tem mais existência concreta; resta apenas o nome, a marca.

Ora, era a realidade da empresa que servia de fantástico amortecedor para as casualidades da conjuntura junto aos investidores locais, particulares ou institucionais. Por exemplo, os franceses, que conhecem a Total fisicamente, a sua realidade industrial, suas lojas de conveniência há décadas, reagiram muito pouco ao drama do Erika, depois de Toulouse. Provaram a sua mansidão. Para eles, esses acidentes certamente lastimáveis passarão. Para investidores longínquos, *a fortiori* um fundo social, o que é a Total? Um nome, um título, uma reputação manchada que nada vem a compensar, reconciliar? A empresa é reduzida à sua simples expressão: seu nome de marca, mas sem a carga afetiva nascida da proximidade, da história, da fixação cultural na vida do país, da familiaridade tecida diariamente.

Compreende-se então que a volatilidade dos mercados cresceu: a nova psicologia e os novos atores suscitados pela Internet contribuem com isso. Dessa forma, como se adaptar a essa nova cultura da informação e da marca?

Primeiramente, por meio de um acompanhamento permanente, a todo instante, sobre o que se diz na Internet. Se algo for dito, alguém, onde quer que esteja no mundo, pode querer verificar essa informação no *site* autêntico da empresa: é preciso, pois, conceber os *sites* como "contra-*sites*" bastante evolutivos, a exemplo das *rumor clinics*, colunas nas quais a imprensa diária americana pregava a cada dia um novo boato durante a Segunda Guerra Mundial.

Em segundo lugar, pela tomada de consciência da importância dos fatores psicológicos que pesam na avaliação das marcas. Não é de se espantar que o inglês utilize a mesma palavra *goodwill* para designar a maisvalia financeira e aquilo que a cria: a opinião global certa a respeito desse nome. É tempo de as empresas cuidarem das suas próprias marcas, suas marcas-empresas: elas é que são cotadas agora!

AS MARCAS DE LUXO DIANTE DA INTERNET[5]

No dia 19 de junho de 2000, foi lançado nos EUA o *site* e-Luxury, do qual o grupo LVMH participou ativamente e que tem como vocação vender *online* os produtos das grandes marcas de luxo internacionais, fossem do grupo LVMH ou não. Nisso, B. Arnault procedeu ao nível da Internet como havia feito para a distribuição física dita tradicional ao comprar a DFS, principal operadora *duty free* de toda a zona Ásia-Pacífico.

No e-Luxury, as marcas são apresentadas conforme o modelo *shop in the shop*. Elas só vendem uma parte reduzida de seu sortimento: uma seleção dos produtos mais emblemáticos, bem como os produtos novos, mais próprios para seduzir uma clientela de internautas americanos, da qual se sabe que, por ser reticente em fazer suas compras de forma habitual, não freqüenta os lugares tradicionais da prestação de serviço e da representação da distribuição dos produtos de luxo. O e-Luxury foi uma etapa essencial de teste e aprendizagem antes da passagem à fase posterior dita "de todos os perigos", aquela em que as marcas de luxo teriam seu próprio *site* de comércio para vender todo o seu catálogo diretamente e oferecer serviços sob medida. É verdade que, em matéria de Internet, a abordagem somente pode ser experimental: nesse campo novo e constantemente mutante, apenas a ação permite aprender e tirar lições antes da passagem a essa fase posterior, inevitável.

É verdade que as marcas de luxo, mais do que todas as outras marcas, têm muito a ganhar na Internet, mas simultaneamente também têm muito a temer.

[5] De acordo com um artigo publicado no *Figaro Économie*, 10 de abril de 2000.

As grandes marcas de luxo se caracterizam por uma notoriedade mundial – fator de sonho e desejo – mas, ao mesmo tempo, por uma distribuição restrita – fator de raridade e, portanto, de aumento do desejo. Ora, uma parte daqueles que sonham com a marca muitas vezes está fisicamente afastada dos pontos de venda e nem ousa penetrar lá por medo de faltar *savoir-faire* (saber fazer) ou *savoir-comprendre* (saber compreender), os quais são necessários externamente para circular nesses lugares intimidadores. Desse ponto de vista, há um complemento de clientela abastada muito apreciável, que não corre o risco de canibalizar o circuito dito *brick and mortar*.

Porém, a Internet vai apresentar também problemas novos e severos às marcas de luxo. Em primeiro lugar, não existe luxo sem uma certa forma de raridade. É significativo que, umas após as outras, grandes marcas de luxo passam da redução do número de licenças à distribuição seletiva, depois exclusiva, até a distribuição totalmente controlada, que pertence à marca. Ora, a Internet é o inverso da raridade: é a acessibilidade a todos. É também a possibilidade para *sites* piratas vender diretamente produtos de luxo, abastecendo-se no mercado paralelo. Será preciso, pois, resolver definitivamente esse paradoxo de uma indústria que defende a legitimidade dos circuitos seletivos (típica do serviço) junto às autoridades de Bruxelas, mas que, ao mesmo tempo, vendem na Internet em *sites* abertos a todos. Além disso, como dizer sim ao e-Luxury e não ao Ashford, um *site* que dava desconto sobre os produtos de luxo?

O segundo desafio revelado por esses *sites* ditos "piratas", que vendem diretamente, é o preço. De fato, não existe luxo sem disparidades de preço em um plano internacional. É mais caro abrir butiques em Tóquio do que em Paris, pois as leis diferem de acordo com os países, etc. São essas disparidades que explicam as filas de japoneses nas butiques de luxo em Paris. Essa é uma das motivações e prazer dos turistas que vêm aumentar o tráfego nas lojas. Ora, umas das primeiras razões da freqüentação da Internet é a busca do bom negócio, onde quer que esteja. Como responder então a essa expectativa sem desestabilizar o equilíbrio dos preços, que foi pacientemente construído com o passar do tempo entre os países e entre os circuitos. Por agora, considerado o risco, as marcas de luxo não querem fazer de seus *sites* lugares nos quais se compra mais barato. É verdade que, nesse estágio, ninguém pode estimar a importância do custo dos retornos, da construção e gestão do *site*. Ninguém duvida que esses números não tenham sido examinados com atenção por cada um dos atores do e-Luxury. Um novo equilíbrio dos preços será necessário em um futuro próximo.

Mais ou menos dois anos após esse lançamento, algumas lições podem ser aprendidas:

- para funcionar direito, um *site* dedicado ao luxo pode apresentar majoritariamente apenas marcas do grupo LVMH? A menos que, ao fazê-lo, ele seja transformado no *site* oficial dessas marcas, o lugar único no qual o cliente tem certeza de ter acesso aos verdadeiros produtos, sem nenhum risco quanto à proveniência exata dos produtos e sua autenticidade. É também uma forma de recriar na Internet o equivalente virtual da distribuição exclusiva.
- a problemática para a marca, cujo o *site* é quase oficial, é fornecer ao cliente do e-Luxury um tratamento idêntico àquele que recebe todo cliente quando visita, por exemplo, as lojas reais Louis Vuitton. Isso não é evidente e implica não apenas uma formação perfeita dos "e-atendentes", para que saibam falar perfeitamente sobre cada produto, mas também um sistema de informação que auxilie todo pedido de informação complexo e permita uma resposta personalizada, exata, em prazos muito curtos.
- a coerência necessária também quer que o cliente encontre no *site* as referências e códigos aos quais poderia estar habituado na loja, no ambiente. Mas uma tela não é uma loja. Evidentemente, existem *softwares* (p. ex.: Flash) capazes de fazer milagres. Porém, quando se conhece a dificuldade para muitos internautas em baixá-los, o resultado pode ser contraprodutivo: eles perdem um tempo enorme e não conseguem terminar. Isso remete à imagem de uma marca muito pouco direcionada ao cliente, pois é incapaz de se colocar em seu nível.
- uma das dificuldades principais da venda na Internet é o controle do comprador. Sabe-se, por exemplo, que a Louis Vuitton não pára de lutar contra todos os *sites* que vendem produtos Louis Vuitton a preços módicos ou exagerados, sem a autorização da marca. Como saber, na Internet, se o cliente não está comprando para alimentar o mercado "paralelo"? Na butique, isso é constatado: os vendedores são treinados para identificar sinais que não podem ser confundidos. Em venda à distância, isto é impossível. A marca pode somente proibir a venda de produtos de sucesso, muitas vezes continuamente a uma mesma pessoa.
- o desafio do serviço é, enfim, considerável. Não existe marca de luxo sem serviços. Um deles é o direito de troca. Mas no e-Luxury acontecia que clientes pouco escrupulosos devolviam todo o conteúdo de seu pedido em um estado que fazia imaginar que os produtos tivessem sido usados – e isso mesmo para pedidos que alcançavam os 5.000 dólares.

Apesar dessas dificuldades, não se pode nadar contra o sentido da história. A Internet oferece às marcas de luxo uma oportunidade única. É para as marcas de luxo que a relação com o cliente é primordial. Se o produto de luxo é pouco personalizável, a relação deve ser privilegiada. O e-CRM, com suas bases de dados, vai fornecer os meios para desenvolver a relação com o cliente, a fidelidade e as vendas, evidentemente se a marca souber ficar nos limites do *permission marketing* (*marketing* de permissão). É possível também recriar na Internet o sentimento de elitismo criando clubes personalizados, de acordo com o tipo de cliente com acesso a informações ou serviços exclusivos. O mundo real também pode ser apoiado pelos *sites* de marcas.

Como se pode observar, é necessário, tanto no mundo real como na Internet, saber mostrar imaginação e criatividade.

DA DISNEYLÂNDIA À AMAZON: A DURA LEI DA ECONOMIA[6]

Regularmente, surgem novos setores, muito promissores e muito mediatizados, a ponto de fazer com que os numerosos acionistas solicitados, pequenos e grandes, esqueçam as duras leis da economia. Pelo contrário, tudo se passa como se esses setores abrissem novas perspectivas, até mesmo uma nova era, para destacar bem que as referências e os princípios econômicos clássicos agora são obsoletos. Feito isso, desfaz-se da falta de prova de que tudo isso será lucrativo, já que os cânones e os dogmas da economia clássica não são mais pertinentes. O Eldorado está ao alcance da mão – ou melhor, do mercado financeiro.

Já faz mais de dez anos que a Disneylândia Paris constituiu, esquece-se muito disso, um modelo do gênero. Essa réplica européia do modelo americano é, sem dúvida, um grande sucesso comercial, considerando-se a freqüentação crescente do parque e dos hotéis: mais de 12 milhões de visitantes se amontoam todo ano e voltam para casa encantados, o que faz do boca a boca e do boato público a melhor das propagandas para o parque. Porém, trata-se ainda de um desequilíbrio financeiro. Nunca, com os preços atuais, os 23 ou 24 bilhões de francos investidos serão recuperados. Isso explica as sucessivas e inevitáveis moratórias.

Entretanto, lembramos das certezas dos dirigentes da Disney, que tornavam qualquer contestação impossível e levaram o alto escalão político e administrativo francês a consentir sem contestar e a conceder vantagens a

---

[6] Segundo um artigo publicado no *Figaro Économie*, 4 de setembro de 2000.

esse parque (linha de TGV gratuita, estação específica, etc.). Sabemos o que aconteceu depois.

Nascida há exatamente sete anos, a Amazon, *start up* emblemática da nova economia, criou o comércio *online*. Com seus 20 milhões de clientes satisfeitos, ela é o símbolo mais mediatizado disso. Assim como a Disneylândia Paris, a Amazon é uma idéia formidável, mas no momento ainda uma incerteza financeira. Apesar dos pareceres críticos de Wall Street, seu valor no mercado financeiro é atribuído à confiança de inúmeros acionistas que, graças ao conceito de "nova economia", acreditaram no milagre com tanta certeza. Também houve o apoio de um enorme estardalhaço da mídia, que contribuiu para fazer dessa marca uma estrela da Internet.

Apesar do seu sucesso comercial, a verdadeira questão por trás da Amazon e de muitos outros *sites* direcionados para o consumidor é a do custo do serviço prestado. Símbolo do comércio *online*, a Amazon é obrigada a levar ao consumidor as vantagens essenciais que ele espera do *e-commerce:* um preço muito melhor (devido à desintermediação), uma informação rica e honesta sobre os produtos, enfim, um serviço ultrapersonalizado interativo. Por garantir os prazos de entrega, a Amazon não pode delegar o serviço, mas o administra diretamente, bem como os seus depósitos. Isso cria custos importantes de estrutura. Considerados o tamanho diminuto do preço unitário de um livro e a exigüidade das margens, pode-se observar que o equilíbrio do sistema depende do crescimento do volume dos compradores e também da quantia de compras por comprador. Os custos de prospecção permanente são elevados: a publicidade *offline* é o ponto principal. Não há, portanto, outra saída a não ser a extensão permanente da oferta para além dos livros e discos. A Amazon agora permite comprar brinquedos e, muito em breve, carros. Porém, essa política dita de extensão de marca poderá diluir o caráter e a identidade da marca. É um risco a correr.

Como se vê, nova economia ou não, as empresas passam, as leis da economia ficam. A Disneylândia Paris, assim como a Amazon, são idéias maravilhosas e seus criadores são visionários. No entanto, nenhuma empresa, real ou virtual, pode indefinidamente acumular perdas. No que se refere à Disneylândia Paris, o Estado ou a região se envolveram demais para que o parque fechasse, em razão da falência financeira. Um dia passaremos a borracha nos investimentos sabidamente irrecuperáveis. Se as perdas da Amazon tivessem perdurado, ela não teria tido chance. Isso torna o seu sucesso ainda mais louvável.

INTERNET: UMA REVOLUÇÃO PARA OS BOATOS[7]

Para além das histórias, a recente agitação suscitada pela circulação de uma excitante lenda urbana na Internet ou pelo retorno à rede da Lista de Villejuif* – que se acreditava ter desaparecido – possui a virtude de chamar a atenção para uma modificação radical trazida por essa mídia no funcionamento dos boatos e, desse modo, para as perspectivas que ela abre quanto à sua exploração comercial.

A Internet suprime, de fato, o maior problema que limitava o funcionamento do boato: as deficiências da memória humana. Esta intervém em dois momentos-chave do processo de boato. É preciso lembrar daquilo que se ouviu e lembrar de repeti-lo à pessoa a quem se previu contar. Graças à Internet (mas antigamente também às listas), a mensagem pode ser reproduzida infinitamente sem risco de erro nem de esquecimento. Os clássicos processos de distorção que acompanhavam as correntes de boca a boca estão, pelo menos teoricamente, extintas. Em segundo lugar, a facilidade com a qual se pode reenviar um boato cibernético ao seu círculo de amigos, quase no mesmo instante do recebimento, suprime todos os riscos de esquecimento freqüentes quando um certo espaço de tempo passa entre essa recepção e o momento em que se encontra os referidos amigos. Esse lapso de tempo é, na verdade, totalmente suprimido.

Devemos aproveitar a oportunidade para salientar como a Internet sustenta a seletividade social dos boatos. O boato é difundido por afinidade. Cada um repete aquilo que ouviu dizer de uma ou mais pessoas de seu círculo próximo, cuidadosamente selecionadas para serem as mais interessadas, potencialmente, pelo tema do boato. Ora, a agenda dos endereços de amigos, pessoas próximas ou conhecidos que cada um guarda no seu computador fornece agora um acesso fácil, direto e instantâneo a dezenas de pessoas que podem ser informadas sobre o boato. Salientamos ainda um outro fato novo: como as mensagens são identificadas pelo nome de seu emissor, são, portanto, imediatamente lidas pelos seus destinatários, asseguradas por essa assinatura de uma pessoa próxima. O processo pode, então, se reproduzir. Em algumas horas, uma massa considerável de internautas é alertada. Isso explica o aspecto quase viral da difusão de boatos na Internet.

---

[7] Conforme um artigo publicado no *Les Échos*, 23 de agosto de 2001.
* N. do T.: A Lista de Villejuif foi um documento anônimo que circulou na França na década de 70. Tratava-se de uma lista de aditivos alimentares, supostamente cancerígenos, que continha erros grosseiros e era falsamente atribuída ao Hospital de Villejuif, maior centro de tratamento de câncer na época.

Porém, essa mídia traz principalmente aquilo que faltava estruturalmente aos boatos: uma memória. A todo momento, são ditas coisas sobre algum político, mas também empresa ou marca. Exceto pelos boatos negativos que, devido ao medo, desencadeiam mecanismos de alerta rápidos e generalizados, os boatos positivos são difundidos menos rapidamente. A probabilidade de tomar conhecimento deles é, pois, reduzida. Ora, se tomarmos como exemplo um consumidor interessado pela compra do novíssimo 607, como se faz para saber o que é dito sobre esse carro? Não o que a montadora diz, nem os jornalistas, mas o próprio público, pois a Internet é a mídia ideal da comunicação entre consumidores. Basta criar um *site* que memorize todas as declarações individuais de pessoas que queiram levar o seu testemunho e impressão sobre o 607. Estando constantemente acessível e guardando na memória vários meses de impressões realistas, esse *site* de e-opiniões ofereceria ao domínio público o diagnóstico do mercado. Bastaria indexar cada opinião por meio de algumas informações sobre a sua fonte (quem diz o que sobre o 607) para ajudar no processo de boato: não prestamos atenção em todas as opiniões, mas, sim, primeiramente naquelas oriundas de pessoas que achamos que têm credibilidade ou parecem ter.

Considerado o esclarecimento trazido por esses celeiros de opiniões de primeira mão a todo comprador potencial de marcas, modelos ou empresas, deve-se esperar que tais serviços se desenvolvam, se a sua rentabilização for possível. Fóruns poderão ser associados a eles, lembrando-nos, assim, aquilo que esquecemos um pouco na era dos hipermercados, na qual cada um se apressa em silêncio diante das prateleiras: os mercados são feitos de conversas. A Internet está recriando esse potencial de conversa que existia antes e que o *self-service* aniquilou.

Devemos reconhecer que a Amazon, a pioneira, aumenta as suas vendas usando sutilmente o potencial do boato. Ela torna públicas as escolhas e as opiniões de pessoas descritas como sendo idênticas a nós: a prova é que elas estavam interessadas no mesmo livro. Portanto, a Amazon nos informa muito inocentemente que os outros compradores desse livro compraram, em geral, este ou aquele livro que não conhecíamos sobre o mesmo assunto. Não é preciso muito para que os encomendemos imediatamente.

A Internet poderia, enfim, fornecer uma memória bastante útil ao antiboato. É significativo que as mídias que analisam um boato geralmente são amnésicas. Tratam do caso sem situá-lo na história; portanto, sem objetividade. Por exemplo, o último boato cibernético de injeções de HIV em cinemas de Issy-Les-Moulineaux não passa de avatar moderno de uma longa tradição de boatos que, em 1820, supunham ocorrer nas carruagens. Para ser realmente úteis, os *sites* antiboatos devem, por um lado, aparecer mais e, principalmente, dar ao internauta que procura se informar um esclarecimento sobre cada boato, sua história, suas ramificações. Assim, diferentemente do mundo real, no qual quando alguém ouve um ruído isenta-se para avaliá-lo, pode-se ter uma idéia imediatamente. Ninguém duvida que esses *sites* interessarão também às direções de comunicação das empresas.

4

Antecipar a evolução dos distribuidores

Não existem mais distribuidores sem marcas próprias. Mesmo aqueles que garantiam nunca fazê-lo chegaram a esse ponto e desenvolvem-nas de forma estratégica: Sephora, E. Leclerc, etc. Essa mutação significa, na verdade, que as marcas de referência querem viver como marcas, com seu próprio imaginário, apoiado em provas que vão da loja ao serviço e agora também aos produtos e às marcas próprias. Para os consumidores, algumas empresas, como a Decathlon e a Auchan, viraram marcas de forma integral, certamente um pouco diferentes das marcas nacionais e internacionais, mas cada vez mais compradas por uma outra razão que não o seu preço.

AS MARCAS PRÓPRIAS ESTÃO APOSTANDO NA INOVAÇÃO

A inovação sempre dá retorno a longo prazo, não importa a marca. Essa verdade primeira é agora compreendida pelas lojas quando encaram a sua política de marca(s) própria(s). Realmente, assim como para toda marca, a marca própria adquire a sua notoriedade em cima de produtos inovadores. Isso é verdade em todos os países ou situações em que ela é divulgada por meio de publicidade televisiva (Grã-Bretanha ou produtos Decathlon, por exemplo) e para qual o boato será o único vetor de reputação. De fato, quem não encontrou algum consumidor proclamando, por exemplo, a qualidade do *crème fraîche* (creme fresco) da Reflets de France ou dos macarrões da Monoprix Gourmet? É significativo que o boato geralmente tome conta de uma instância da marca, um produto inovador que surpreendeu positivamente o comprador, transformando-o em prosélito ativo: é o que acontece com todos os recém-convertidos.

O papel estratégico das marcas posicionadoras. Basicamente, existem dois tipos de marcas próprias (se excluirmos as linhas primeiro preço). O primeiro tipo, histórico, visa a oferecer uma melhor relação qualidade/preço do que as marcas nacionais sobre determinado produto. Na maioria das vezes, ela foi efetivamente privada de valores imateriais, que são a segunda alavanca essencial do valor criado pelas grandes marcas (a primeira é o desempenho). Quando está comprando uma coloração da L'Oréal, a consumidora tem muito mais confiança do que apenas na qualidade do produto: seu sentimento subjetivo de ser bela é valorizado. Não é o que acontece com uma coloração da Super U, por exemplo. As marcas próprias são os suportes do combate aos preços baixos conduzidos pelos hipermercados, por exemplo, ou pelos supermercados de proximidade, como o Monoprix. É por isso que a sua marca de referência é uma marca distintiva, grande, de múltiplos produtos que estampa o nome e a reputação da marca.

O segundo tipo é o posicionador. Agora, como temos lembrado desde 1990, não estamos mais na era de imagem, mas na era da identidade. Conforme o modelo das grandes marcas, as marcas de referência tomaram consciência que tinham, cada uma, uma batalha, uma missão. É por isso que todo trabalho de construção de uma política de marca própria começa por um trabalho sobre as próprias bases da marca, seus valores próprios, sua missão, sua identidade: em que aspecto ela é intimamente, visceralmente diferente de seus *alter* egos? O resultado é a criação de uma cartilha de acordo com o modelo-tipo da plataforma da marca[1]. Foi o que a Scamark fez antes do lançamento da marca Repère, a Cora em 2000, ou a Auchan recentemente. Já que cada marca tem sua batalha, são necessárias armas para expressar os valores junto ao cliente. Isto certamente compreende, e em primeiro lugar, os serviços, a loja, os preços, mas agora também as marcas próprias posicionadoras. É por isto que elas expressam um conceito, associado ou não ao nome da marca de referência, para facilitar a sua atribuição, a sua apropriação (como a Monoprix Bien Vivre, que acaba de suceder a Monoprix La Forme, criada em 1980).

Em ambos os casos, a inovação é vital para o desenvolvimento do valor dessas marcas e, assim, para a valorização da marcas de referência. Como reflexo dos tempos modernos e da mudança, Wall Street avalia o valor dessas marcas amplamente em função de suas taxas de marcas próprias. É o ritmo da inovação que faz também o valor e o desenvolvimento comercial das marcas. Assim por isso que, em 2001, a Sainsbury's lançou

---

[1] Cf. KAPFERER, J.-N. *As Marcas, Capital da Empresa.* Lisboa: Edições Cetop, 1994.

1.200 novas referências sob sua própria marca, por exemplo. É também o que constitui a força da Decathlon. De uma forma geral, a animação de mercado envolve a inovação. Esta autoriza a representação de um espetáculo permanente da prateleira. A criatividade aberta cria a surpresa, recria o desejo e mexe com as participações de mercado. Enfim, cria *goodwill* em torno das marcas de referência.

Qual é a inovação certa para cada marca própria? Conforme o tipo de marca própria e de categoria, o sentido da palavra "inovação" não pode ser o mesmo. Como se sabe, na Grã-Bretanha, 80% dos produtos refrigerados vendidos são de marcas próprias. Portanto, são produtos de impulso em que o ingrediente, a forma e a embalagem contam muito. Tais produtos não são difíceis de se elaborar. Não leva mais do que dois meses para lançar-se uma inovação no setor de congelados, uma vez conhecida a idéia. Vamos citar algumas inovações representativas desse setor: os copos de sopa para serem preparadas no forno de microondas, as pizzas ultrafinas, as pizzas ao *curry* da Sainsbury's. A Tesco foi a primeira a ousar propor latinhas de 250ml de vinhos de mesa franceses. Na categoria higiene-beleza, a Boot's lançou recentemente pastilhas efervescentes gigantes para o banho.

Várias lições podem ser aprendidas com esses exemplos:

1. As marcas próprias agora apostam na qualidade, ao lado das marcas nacionais. Elas podem ousar, por terem riscos menores (sem custos de lançamentos nacionais e internacionais em mídia).
2. Podem arrebatar nichos e praticar a hipersegmentação pelas mesmas razões. Ao constatar que as doses líquidas lançadas pela Ariel em 2001 eram um sucesso, o Carrefour fez a previsão de que, um dia, elas naturalmente se estenderiam à categoria lava-louças. Melhor do que esperar e ficar atrás dos fabricantes, o Carrefour decidiu lançar primeiro as doses líquidas em lava-louças, criando assim o segmento de mercado.
3. A embalagem é o primeiro vetor da inovação em marcas próprias.

Vamos voltar a esse papel-chave da embalagem. Com efeito, devido à ausência de publicidade, a embalagem sempre foi o primeiro vetor da marca própria. É por isso que os revendedores têm prestado mais atenção nela do que os fabricantes. Assim, os produtos alimentícios Carrefour são totalmente explícitos sobre os mínimos componentes do produto, mesmo que estejam em quantidade infinitesimal, ao passo que os fabricantes se limitam a uma regulamentação que não impõe menção a não ser a partir de uma certa taxa de presença. Ao constatar um crescimento de alergias, essa regulamentação está muito ultrapassada. No entanto, as marcas nacionais e internacionais se contentam em segui-la. Porém, em nossa época de necessidades satisfeitas, restam amplos progressos a serem feitos com relação aos serviços. A embalagem encontra, neste caso, seu segundo grande papel. Por exemplo, a Super U percebeu que as embalagens de xampus eram feitas (e expostas em prateleiras) de cabeça para cima, embora os consumidores os usassem de cabeça para baixo. Mas ninguém tinha considerado a criação e o *design* de embalagens antes da nova linha de xampus da Super U.

As inovações das marcas próprias posicionadoras são, *de facto,* de natureza mais conceitual. Não foi por acaso que a Monoprix substituiu, no início de 2002, a marca Monoprix Bien-Être, com suas 120 referências, pela Monoprix La Forme. O combate do City Marché (conceito da loja) Monoprix é ser detector de tendências. O mesmo ocorria com a Reflets de France, da antiga Promodès. Essa marca própria ilustra perfeitamente um dos poderes do revendedor, o de integrador de *savoir-faire* a serviço de um conceito: neste caso, uma retroinovação.

Como se sabe, a especificidade, a força do revendedor, portanto, de suas marcas, é a transversalidade. Ao contrário do fabricante especializado, a marca própria traz uma identificação idêntica nas múltiplas categorias e, neste caso, trata-se de um serviço, antes de ser um produto. Com 70 referências no seu lançamento e 300 hoje, a Reflets de France se encontra em todas as prateleiras. Cada produto deve corresponder a uma receita antiga de pelo menos 100 anos, cada receita possuindo uma notoriedade de 5 a 80% em nível nacional e de, no mínimo, 80% em sua região de origem. O talento da Promodès foi ter acrescentado a isso a capacidade do revendedor de criar uma semimarca coletiva para a qual trabalham, na verdade, as PMEs regionais com capitais franceses, operando com matérias-primas francesas, salvo algumas exceções (especiarias, por exemplo). Por isso, graças à Reflets de France, reanimou-se a força de trabalho na região de Toulouse: esse feijão é necessário para o bom *cassoulet**. Nenhum fabricante teria suscitado uma marca como essa. A força do fabricantes reside em sua especialização. Algumas marcas de fabricante ousaram uma grande transversalidade: a Virgin é um típico exemplo. Porém, o modelo de negócio de R. Branson consiste, na realidade, em lançar inovações sob a sua marca em mercados bem diferentes para, em seguida, revendê-los para operadores em

---

*N. do T.: O autor faz aqui uma comparação com o *cassoulet*, um prato da região de Toulouse, considerado a "feijoada francesa".

busca de uma entrada de mercado, mesmo que não esteja estabilizado. Assim, para conservar a sua atividade de refrigerante na França (Virgin Pulp, Virgin Cola), cujo futuro era mais que duvidoso por culpa da distribuição, R. Branson se direcionou para a Teisseire, o nº 1 do xarope de frutas. Essa empresa encontrou nessa circunstância um complemento de portfólio muito útil para aperfeiçoar a sua linha demasiadamente concentrada nas crianças.

A importância das parcerias com os industriais. Como o distribuidor pode inovar? O combate aos preços envolve uma redução dos custos de estrutura. Isso requer nenhum exagero sobre as equipes de *marketing,* a não ser como a Decathlon, a loja de sua marca (agora de suas marcas), que integrou a dimensão de chefe de produto/mercado desde a sua origem.

Os recursos inovadores dos distribuidores vêm, portanto, dos fornecedores. As conseqüências dessa constatação são duas:

- quando o distribuidor não encontra fornecedores de qualidade, não pode influir seriamente no mercado. Por isso, o Carrefour nunca encontrou fabricante de lâminas de barbear da mesma qualidade da Gillette. Também é o caso do lava-roupas, cuja participação das marcas próprias não excede os 5%. Nenhum dos grandes lava-roupas aceita trabalhar para outras marcas. Além disso, a revitalização recente de marcas locais posicionadas a um baixo preço (como a Bonux) constitui uma barreira. Pelo contrário, a marca-insígnia Casto foi a primeira marca a comercializar na Europa o sistema patenteado SmartPaint, desenvolvido pela Du Pont de Nemours, oferecendo aderência e durabilidade excepcionais em todas as superfícies;
- o distribuidor deve iniciar uma real política de parceria com os seus fornecedores. Ao contrário, um fornecedor de marcas próprias não pode mais conceber seu papel como o de um simples subcontratado. De fato, a marca própria moderna não quer mais ser uma simples cópia das grandes marcas e agora pretende ser internacional. O fornecedor deve, pois, ter a sua própria P&D e a capacidade de entender intimamente o cliente do distribuidor para detectar as suas expectativas e propor ao seu cliente inovações de real valor agregado percebido, oferecer produtos do futuro e não do passado. O fornecedor moderno deve também poder acompanhar o distribuidor além das fronteiras. Este último aspecto vai nitidamente além da logística internacional ou do EDI para evitar os estoques inúteis.

É preciso conhecer os países, suas regulamentações, as condições de protecionismo local. Essa capacidade do fornecedor de marcas próprias de garantir nos diferentes países a exatidão dos produtos à marca, tanto no plano regulamentar como no da higiene, qualidade ou segurança, é crucial para o distribuidor que deseja internacionalizar a sua marca.

Reagir com rapidez na criação dos mercados. A teoria da gestão de marcas lembra a importância da ordem de chegada das marcas nos novos mercados. Todos conhecem a vantagem do pioneiro, por exemplo, e a vantagem relativa do segundo. Será que esses princípios se aplicariam também à marca própria? Esse é um tema para futuras pesquisas.

Vamos salientar, por enquanto, que o Carrefour detém 5% do segmento de lava-roupas em embalagens de 5kg. Trata-se de um mercado antigo com muitos fornecedores. Ademais, o produto do Carrefour não é bom, considerada a ausência de fornecedor de qualidade nesse segmento. Em contrapartida, o Carrefour detém 12% do sabão lava-roupas ultra e 26% do sabão lava-roupas líquido! De fato, há poucos ofertantes.

Parece, portanto, que para todos os novos mercados do futuro, a marca própria deve permanecer atenta para reagir com muita rapidez. Se ela chegar ao mesmo tempo que as outras na prateleira, poderá arrebatar participações de mercado significativas. Se esperar um ano ou mais, deverá conceder diferenças de preço significativas, para tentar se impor, aliás, sem esperança de sucesso.

Inovações de fabricantes e inovações de distribuidores. Uma das principais empresas fornecedoras das marcas próprias no campo de higiene e beleza é a Sarbec Cosmetics, uma PME francesa dinâmica de 420 milhões em volume de negócios, divididos em quatro atividades: a cosmética sob a marca Corinne de Pharm, as marcas de referência, a subcontratação para os próprios grandes fabricantes e uma diversificação para a perfumaria seletiva. Como pode concorrer com a L'Oréal, seus 1.100 pesquisadores e suas múltiplas subcontratadas, prontas para encher seu "carrinho de compras" com idéias criativas de todos os tipos? Percebe-se, assim, que a questão da diferença entre a inovação da marca própria e a dos fabricantes equivale, na verdade, a comparar a inovação possível em uma PME dinâmica e em uma multinacional riquíssima, mas burocrática, devido à sua internacionalidade. A Sarbec se gaba de ter lançado géis para cabelo em 1975, ou seja, dois anos antes da L'Oréal. A Sarbec também foi a primeira a lançar lencinhos umedecidos na Europa, ainda que estivessem presentes há muito tempo no Japão. A empresa cria um produto em três ou quatro meses, ao passo que as multinacionais levam normalmente um, dois ou três anos.

Esta última comparação é interessante, pois disfarça o essencial. De fato, uma PME pode criar um produto em alguns meses, seja por estímulo do distribuidor, que tem a vantagem de poder detectar bem cedo mínimas evoluções do consumo, ou pela observação dos mercados estrangeiros. Porém, uma coisa é criar um produto, outra coisa é criar um mercado. Para criar um segmento, é preciso uma credibilidade e recursos de marca.

Para o fabricante, sustentado nesse ponto por seu cliente distribuidor, a inovação só se torna interessante quando valoriza o mercado e, agora em um plano internacional. O próprio produto não passa de uma parte dessa conduta. O que mais toma tempo é a fixação da estratégia da marca (lançar ou não a inovação sob uma marca nova, com qual posicionamento publicitário – qual promessa –, quais investimentos publi-promocionais?), com uma necessidade de lançamento internacional coordenado, senão simultâneo, típico da marca global e da vantagem do pioneiro.

Uma coisa é colocar primeiro no mercado um gel para cabelo, outra coisa é impor um novo comportamento aos jovens graças ao lançamento do Studio Line da L'Oréal, do Graphic da Garnier e, mais tarde, do Vivelle da Dop. Pela credibilidade dessas marcas, pela intensidade dos meios publicitários desenvolvidos, pela qualidade da criação e pela atratividade dos modelos e estrelas que trouxeram seu rosto a esse processo, a juventude européia adquiriu um novo costume que era garantido e, ao mesmo tempo, sedutor.

O argumento vale também para o mercado ultrabanalizado do leite, tipicamente um mercado no qual a inovação é a menos esperada pelo consumidor, que parece estar satisfeito com o "leite-leite". Contudo, foi preciso tenacidade da P&D da Candia e seus investimentos publicitários para desenvolver os novos mercados que são, por exemplo, o leite com teor de vitaminas (Viva), o leite com cálcio (essencial para o enorme mercado dos seniores), etc.

Toda inovação traz um risco duplo: físico e social. O produto é de qualidade? O comportamento é socialmente aceitável? É por isso que a inovação precisa de um potente "efeito de fonte" para se desenvolver: a marca notória e de confiança constitui uma fonte motivante e de credibilidade. O Carrefour pode garantir hoje as inovações alimentícias, isto é, em setores nos quais a sua marca é legítima, como a inglesa Boots pode fazê-lo em higiene e beleza ou a Sephora em cosmética. Porém, como criar, sem publicidade, novos comportamentos, novos modelos sociais atraentes?

Em inúmeros setores, enfim, existem poucas marcas. Encontram-se evidentemente nomes, porém mais fluxos de inovação que estão associados a eles, baseando-se em uma apurada escuta ao consumidor. A Castorama, em parceria com seu fornecedor Somagic, decidiu em 2000 estudar com sensibilidade e precisão as condições de uso de uma churrasqueira, a fim de criar uma "churrasqueira ideal". Depois de um trabalho de observação sobre o assunto e de ouvir os consumidores, a lista de requisitos foi elaborada envolvendo a grelha (giratória), o quebra-ventos de proteção, a evacuação das cinzas, a regulagem do braseiro, o dispositivo de acendimento, a capacidade da churrasqueira e a mobilidade sobre rodinhas. Esse produto, vendido sob a nova marca de referência Casto, foi o *best-seller* de 2001.

Nunca será demais ressaltar como a observação dos consumidores, de seus costumes, tanto com os produtos como com as embalagens e os condicionamentos, é uma fonte de progresso e uma base automática de lançamento de inovações. Se a L'Oréal pode, pelo número de seus pesquisadores, encontrar moléculas exclusivas, muitos progressos também devem ser realizados para uma melhor integração daquilo que já existe, a serviço do cliente e de suas motivações em constante evolução. A marca própria não é B2C, mas "P a P", de pessoa a pessoa: o cliente está em seu centro.

O futuro já chegou: portfólios de marcas de referência e de marcas próprias. Se a Auchan não passa de uma marca de referência, o Carrefour é agora, ao mesmo tempo, uma marca de referência e um grupo. Os administradores desse Grupo estão descobrindo, pois, as problemáticas clássicas de gestão dos portfólios de marca de referência e de marcas.

Dentro da marca Carrefour, é preciso gerir agora a inovação sob várias marcas concorrentes. Com que deve se parecer o novo *cassoulet* da marca Carrefour, em relação àquele da Reflets de France? Futuramente, o que será do *cassoulet* da marca Carrefour-Bio? A resposta está na clareza das plataformas dessas marcas. Quanto mais claros e delimitados são os territórios, menos canibalização haverá.

Porém, o Grupo Carrefour também é integrado pelos supermercados Champion, Shopi ou, enfim, Dia na Espanha e Ed na França (duas marcas de referência de primeiro preço). Esse grupo inclui, finalmente, a Promocash, uma concorrente da Metro. Ora, a Promocash vende Reflets de France, da qual encontra-se alguns produtos isolados em pequenas mercearias de bairro. Porém, não será preciso tratar a Reflets de France como uma verdadeira marca e difundi-la em todas as outras? Neste caso, não se estaria arrancando uma de suas vocações essenciais, a de fidelizar na antiga marca Continent, hoje Carrefour?

De uma forma geral, as grandes marcas descobrem a complexidade da gestão dos portfólios de marcas. Assim, a Castorama criou um conjunto de marcas próprias em universos nos quais a sua marca Casto é julgada inapropriada. A própria Décathlon, que se tornou tanto uma referência quanto uma marca, escolheu apresentar uma maior variedade aos consumidores graças a um portfólio de marcas ditas "paixão", como Quechua e Tribord, pontos de encontro da paixão do cliente e da paixão das equipes dedicadas na Décathlon. Essas estratégias têm sentido. A marca própria única é massificante e, além de uma certa penetração, torna-se um fator de diminuição de atração da própria marca. Porém, sem a arma da comunicação, da promoção, será que essas marcas próprias temáticas ganharão em existência junto aos clientes, nem que seja em notoriedade? E, sobretudo, em que velocidade? Conhece-se a cultura da distribuição. Se a estratégia parece correta, a impaciência por resultados rápidos não constituirá um golpe fatal a muitas marcas próprias setoriais ou categoriais?

AS MARCAS PRÓPRIAS FIDELIZAM?

O desejo secreto das marcas próprias, depois da diferenciação e do aumento da rentabilidade, é a fidelização da marca. Esse objetivo é sempre lembrado nas reuniões dos comitês executivos das marcas de distribuidor. Afinal de contas, teoricamente, se a marca própria compartilha o posicionamento da marca e materializa seus valores, sua ética, isso só pode aumentar a atratividade desta e, assim, a fidelidade dos clientes.

Até hoje, quaisquer que sejam as metodologias empregadas, voluntariamente variadas, as provas desse resultado estão faltando. Ainda que se aborde a fidelização e se pratique o encantamento, ela não aparece nos números.

O que os estudos mostram. Evidentemente, em termos de referência de uma marca própria, os dados de penetração e fidelidade (taxa de sustentação) às vezes não deixam a desejar em relação àqueles dos produtos das marcas nacionais. Como mostram os dados da Secodip, alguns óleos de marca própria atingem taxas de penetração de 53% e uma taxa de fidelidade de 49%, ou seja, o equivalente à Lesieur. Porém, se ela admitir o fato de que as marcas próprias estão se transformando em verdadeiras marcas, seu efeito sobre a lealdade à marca deve ser demonstrado[2]. Em um estudo recente, a Consoscan fez uma comparação da participação de mercado das marcas próprias conforme a taxa de sustentação da clientela da loja. Comparou-se, portanto, os fiéis (que usam a loja como a sua loja principal) e os infiéis (que usam a loja como loja secundária ou terciária). Das 14 marcas estudadas, essa participação de mercado é efetivamente superior nas primeiras em onze casos, mas inferior em três casos (Casino, Champion e Atac). Porém, correlação não é causa. Será que compramos mais de uma mesma marca por causa da marca? Ou será que compramos várias vezes de uma marca que acabamos por confiar mais nela e, portanto, passamos a experimentar seus produtos próprios? Por outro lado, será que os consumidores ocasionais não são precisamente aqueles que acabam por aproveitar uma promoção, a qual envolve tipicamente as marcas nacionais ou internacionais de renome?

No âmbito das pesquisas feitas na HEC, Berthelot e Levy[3] descobriram que não havia correlação entre a atratividade de uma marca e a participação de mercado das suas marcas próprias. Devemos lembrar que a atratividade de uma marca é a relação entre o número real de seus clientes e o número de lares que têm acesso a ela. Da mesma forma, as variações positivas da participação de mercado das marcas próprias de uma marca de referência não melhoram a atratividade da marca de acordo com os dados da Consoscan. Se utilizarmos uma outra metodologia, o crescimento entre a taxa de sustentação da marca e a participação de mercado das marcas próprias não indica correlação alguma. Finalmente, quando perguntamos aos próprios consumidores, segundo o Instituto Fournier, apenas 8% deles declaram ser fiéis a uma marca pela sua marca própria.

Por que esse déficit de fidelidade? A questão permanece aberta. Por que as marcas próprias das grandes marcas não fidelizam na loja? Uma primeira observação diz respeito às exceções.

É notável que os clientes da Décathlon prefiram a loja porque estão com vontade de recomprar os produtos da marca Décathlon ou Quechua, etc. (as novas marcas "paixão" da Décathlon). A Décathlon-marca não é a marca da loja, é a Décathlon-loja que é a loja da marca. As duas são indissociáveis na mente dos clientes. O mesmo acontece com a Ikea, a Gap e a Roche et Bobois.

---

[2] KAPFERER, J.-N. "La marque-enseigne et son avenir". *Revue Française de Gestion*, nº 124, 1999 p. 122-127.
[3] BERTHELOT, C. & LEVY, S. "Fidélisation et marques de distributeurs". Tese HEC, Grand Prix de Marketing L'Oréal/HEC, 1998.

Uma segunda exceção refere-se à marca própria Reflets de France que foi, desde cedo, um fator de freqüentação da Continent. Será que isso revela que, no comércio não-especializado, são as marcas próprias e não as marcas de referência que fidelizam? Elas são, de fato, associadas a um conceito, a um desejo e, portanto, a uma implicação superior do consumidor, ao passo que, como se sabe, as marcas de referência tiram o seu volume dos consumidores menos implicados[4]. Quase não existe emoção na marca de um generalista; existe, sim, na de um especialista.

Os dados do Brandz, um sistema exclusivo de medida da força das marcas desenvolvido pela Ogilvy e pela WPP, confirmam este último aspecto. No Brandz, as marcas são representadas por uma pirâmide de cinco níveis: taxa de presença na mente, pertinência percebida, desempenho percebido, vantagens percebidas e, finalmente, vínculo. Uma comparação das marcas de referência dos grandes estabelecimentos alimentares na Grã-Bretanha e na França revela que as marcas de referência francesas...

- estão em paridade, em termos de presença na mente e de pertinência percebida;
- são julgadas superiores, em termos de desempenho e qualidade globais;
- têm, no entanto, uma nítida inferioridade no registro das vantagens diferenciais percebidas;
- criam menos vínculo.

Na França, entre todas as marcas de referência confundidas, generalistas ou especialistas, somente cinco marcas conseguem ultrapassar o escore-limite, todavia baixo, de 10% de vínculo ao público: são elas, Décathlon (22%), Carrefour (19%), Fnac (15%), Auchan (13%) e Leclerc (11%). É pouco, comparado à Inglaterra, onde a Marks & Spencer (St. Michael), com seu escore de 42%, situa-se entre Pampers e McDonald's, e onde a Boots atinge 37% e a Tesco, 27%. A que as marcas de referência britânicas devem seu complemento de emoção e vínculo?

Primeiramente, elas existem há muito tempo. Enquanto as marcas próprias francesas direcionaram-se apenas para a redução dos preços e construíram cópias das grandes marcas como único modo de desenvolvimento do produto, as inglesas foram realmente inovadoras desde o início e mais presentes em lojas. Ademais, elas têm acesso à comunicação televisi-

---

[4] LEWI, C. & KAPFERER, J.-N. "La préférence des consommateurs pour la marque de distributeur". *La Marque*. Paris: IREP, 1988, p. 237-252.

va. Enfim, as áreas das lojas inglesas são menores, situadas mais no centro da cidade, criando assim mais intimidade com os clientes, diferentemente das grandes e frias máquinas de vender dos centros comerciais periféricos da França.

Fatores da desfidelização. No momento em que cada um na grande distribuição toma consciência desses déficits e se prepara para corrigi-los por meio da inovação, por exemplo, ou do *marketing* relacional e das bases de dados de clientes, parece que um novo comportamento passa a produzir efeitos contrários ao desejo de fidelização à marca pelas marcas próprias.

Até agora, ainda que se defendam, as marcas de referência francesas, em sua grande maioria, se basearam na cópia servil, ilusória ou inteligente, das grandes marcas, como incumbências de seus desenvolvedores internos e de seus subcontratados.

Agora, as marcas próprias copiam umas as outras. O sucesso da Reflets de France levou a Scamark (Leclerc) a desenvolver a linha "Nos régions ont du talent" ("nossas regiões possuem talento") e a Casino, "Saveurs du Terroir" ("sabores da terra"). Além disso, como os subcontratados de qualidade não são numerosos em conceitos tão precisos, a Scamark caçou nas terras da Reflets de France fazendo acordos, às vezes com os seus próprios subcontratados! Da mesma forma, a Destination Saveurs foi rapidamente copiada pela Invitation au Voyage.

Esse processo não tem motivo para parar. Ninguém poderia deixar para um concorrente uma vantagem competitiva grande demais. Essa marcação impediria, portanto, a constituição de uma exclusividade duradoura, fator de fidelização.

BATALHAS DE REFERÊNCIAS EM TORNO DO EURO

O euro é agora nossa moeda única, européia ou quase. O impacto sobre as marcas e os consumidores é, pois, "delimitável".

Da noite para o dia, assim como um viajante que ultrapassa uma fronteira, cada consumidor europeu teve de utilizar uma outra moeda que não a sua, mas desta vez sem idéia de retorno. O desafio foi fazer aqueles que não viajam mais viajar, pois uma coisa é se habituar durante a época de férias a uma nova moeda em um país que se escolheu visitar por prazer; outra coisa é dever adquirir novas referências, uma nova aritmética para todas as esferas de nossa vida, não importa a nossa idade, nosso nível de educação – e, isso, sem ter realmente solicitado.

Como o consumidor deve reagir? Como o consumidor deve se comportar? Essa era a questão-chave antes de 1º de janeiro de 2002. A síndrome do expatriado servia para nos dizer: quando, devido ao desconhecimento sobre a moeda, não se sabe mais como se vai gastar, se volta a diminuir as despesas. O princípio de prudência devia dominar. Na quarta-feira, dia 2 de janeiro, nos caixas das lojas, grandes ou pequenas, clientes e caixas, uns tão perdidos quanto os outros, verificaram assiduamente a sua moeda e eram, portanto, esperadas algumas contestações e filas mais longas. Por medo, muitos consumidores acabaram aceitando o comércio de proximidade, no qual as adaptações eram mais tranqüilas.

De fato, tendo sido anunciado, programado de longa data, o euro interessou a todos os estados-maiores das marcas, mas também foi de interesse para a grande distribuição concentrada, desejosa de aproveitar essa ocasião para aumentar o seu poder de mercado.

É verdade que, para as marcas próprias, cujo preço é a principal arma de diferenciação, o euro podia constituir uma ameaça.

A última crise econômica havia feito os consumidores passar para a era da hipersensibilidade aos preços. Assim, no segmento da hotelaria primeiro preço (Formule 1), os estudos mostram que os clientes são sensíveis a uma diferença de 1 euro por noite. O comprador de hambúrguer reage a uma diferença de 10 centavos. Produtores e distribuidores souberam, desde então, se adaptar, bem ou mal, a esse novo arranjo. Os primeiros fizeram a triagem das marcas não justificando preço de prêmio, e, os segundos, diminuindo a faixa dos preços propostos aos consumidores, oferecendo, por exemplo, linhas de produtos primeiro preço (50% mais baratos).

Mal esses costumes foram adquiridos e o euro introduziu uma revolução que iria abalar todas as referências. Após a era do preço baixo, iria iniciar-se a dos preços compactos. Ao dividir os preços por 6,5 na França, não se executou apenas uma evolução homotética; na realidade, as escalas psicológicas dos consumidores foram quebradas e, conseqüentemente, as políticas de tarifação dos distribuidores.

As perdas das referências lentamente adquiridas. Devemos lembrar que as noções daquilo que é percebido como caro, barato, bom ou mau negócio, com um preço vantajoso ou não, são, essencialmente, subjetivas. Elas resultam de um equilíbrio entre quantidade, qualidade e preço. Dez por cento de diferença de preço não têm o mesmo valor de acordo com:

– o nível de preço ao qual está se comparando (200 euros ou 3 euros);
– o grau de envolvimento do consumidor;

- a freqüência de compra (diária ou ocasional);
- a qualidade percebida da desafiante (marca própria ou marca conhecida).

Dividindo todos os preços por 6,5, o euro contrai todas as diferenças de preços e torna bem menos espetaculares as ofertas promocionais sobre as quais se sabe que representam até 30% das vendas anuais de certos setores. Antes, o *folder* promocional de um grande estabelecimento fazia o seu anúncio sobre um conjunto de dois pacotes de cereais de grande marca a 25,60 francos. O equivalente em euro indicado abaixo não passava de 3,92, reduzindo o impacto dessa oferta especial. O euro criou, portanto, uma incerteza quanto ao futuro das promoções sobre os preços, que não seriam acompanhados por uma forte afirmação nas prateleiras.

O euro deve reduzir mecanicamente as diferenças de preço percebidas entre produtos "primeiro preço" e marcas próprias de um lado e, de outro, entre as marcas próprias e as marcas líderes. Esta é uma segunda incógnita quanto à evolução das marcas próprias que não teriam sabido até então fidelizar uma clientela, se transformando, elas mesmas, em referências.

O euro deve sacudir, enfim, os famosos preços psicológicos, essas descontinuidades ou limiares na percepção dos preços pelos consumidores. Não é a mesma coisa passar de 4,70 a 4,90 francos e passar de 4,90 a 5,10 francos. Controlando agora os preços em suas prateleiras, os revendedores capitalizariam sobre esses limiares para fazer aparecer as suas marcas próprias como sendo muito vantajosas em relação às marcas líderes. Para seguir esse exemplo, o equivalente em euro será de 0,71, 0,74 e 0,77, ou seja, uma diferença ao nível da segunda casa decimal. A grande distribuição tinha nos acostumado a esmagar os preços; o euro corre o risco de esmagar as diferenças e criar uma incógnita maior sobre o comportamento dos consumidores que estão perdendo algumas de suas referências.

Transformar o problema em oportunidade de conquista. Os grandes distribuidores conhecem bem esse roteiro. Os hipermercados tinham o que temer por suas marcas próprias e, assim, por suas margens. De fato, haveria uma diminuição de competitividade dos preços das marcas próprias devido ao efeito sanfona criado pelo euro. A estratégia dos hipermercados baseia-se, antes de tudo, no preço.

Porém, governar é prever. As marcas de fabricante haviam aumentado os preços antes do verão de 2001, esperando um pedido de congelamento dos preços por parte do Ministério da Economia antes do fim do ano. Essa valsa preventiva das etiquetas foi, aliás, descoberta e castigada em setembro. No entanto, isso significa esquecer que essa alta dos preços das marcas foi acentuada pela grande distribuição. Antecipando a queda da competitividade dos preços de suas marcas próprias expostos em euros, os grandes distribuidores, decisores dos preços nas suas prateleiras, procuraram compensar esse efeito desfavorecendo as grandes marcas no futuro contexto dos preços.

Isso podia ser feito por meio das três medidas a seguir:

- posicionar bem alto o preço das marcas nacionais para recriar um sentimento de diferença dos preços na prateleira;
- posicionar esses preços além do que seriam, conforme toda probabilidade, os novos limiares psicológicos. É revelador que, no campo dos refrigerantes, o formato mais vendido (1,5l) estava, no outono de 2001, sistematicamente nas prateleiras por mais de um euro quando se tratava de uma grande marca, e menos de um euro para as marcas próprias. O euro devia, de fato, ter certamente o papel de barreira psicológica de preço;
- fazer uso de preços redondos para os produtos com marca própria;
- aumentar ainda mais a visibilidade dos produtos com marca própria na prateleira.

O objetivo declarado da grande distribuição era o de aproveitar o problema criado pela mudança de moeda para ampliar, ainda mais, a participação de mercado das marcas próprias. O revendedor, dono de sua casa, fixa os preços. Ao se ocupar das referências de preços do futuro comprador em euro, ele podia, por essa via, afetar as suas decisões facilitando as suas escolhas.

É por isso que bem-aconselhadas foram as marcas que fizeram com antecedência promoções aos consumidores do tipo "bons negócios" (três pelo preço de dois). Somente as ações bem visíveis, nas embalagens, que significam uma vantagem imediatamente perceptível, são capazes de frustrar a armadilha descrita anteriormente e de considerar a nova psicologia dos preços criada pelo euro.

A partir de abril de 2002, os fabricantes quiseram refletir o aumento dos custos associados às jornadas de trabalho e, assim, colocar um fim no congelamento dos preços. Os revendedores poderiam aproveitar a ocasião para anunciar que as marcas próprias permaneceriam com o mesmo preço, acentuando, desse modo, o seu papel de referência de preço justo.

Conclusão

Como as marcas reagirão concretamente em relação às novas forças colocadas em jogo no mercado, às tecnologias emergentes, à evolução do clima sociopolítico e dos consumidores? É o que tentamos esboçar neste livro, ao avançar nossas análises, nosso prognóstico e nossas recomendações operacionais.

Claramente, a mudança é inevitável, mas a sua natureza e sua amplitude serão necessariamente variáveis de acordo com os setores, as categorias e os tipos de empresas. As marcas na indústria do luxo não reagirão da mesma forma que aquelas dos serviços de telefonia móvel ou as marcas da Internet. As PMEs também não reagirão como as multinacionais.

Desse ponto de vista, seja por meio de nossa atividade de consultoria ou de animação de seminários para dirigentes de empresas de vários países, ou ainda no *campus* da HEC, sentimos uma nova solicitação por parte dos administradores. Eles esperam por novos modelos.

Os anos 80 e 90 viram florescer os exemplos muitas vezes utilizados da Nike, da Virgin, da Coca-Cola, da Starbuck, da Gap, do McDonald's, da Dell, etc., tantos são os grupos na conquista do mundo. Será por efeito de cansaço ou por tomada de consciência que esses modelos parecem obsoletos? Porém, os administradores nos pedem para revelar outros casos, mais próximos de sua situação. Evidentemente, a Nike e a Virgin fazem sonhar, mas esse sonho tem seus limites. Suas situações não seriam específicas, assim como seus recursos e seus chefes carismáticos nos quais baseiam a sua identidade?

Por outro lado, os recentes eventos políticos internacionais, como o recuo do crescimento, agiram como catalisadores de uma tomada de consciência por parte dos meios econômicos mundiais de que um certo tipo de gestão de marca havia atingido os seus próprios limites. A onipresença nas mídias, a onipotência na área, além do fato de não corresponderem à situação real da maior parte das empresas que constroem marcas, criaram, como se sabe, um movimento de contestação, uma sensibilidade negativa, senão uma hostilidade.

O pedido dos administradores no plano internacional é claramente de uma renovação dos modelos e de uma visão mais pragmática. Após a era dos visionários, dos profetas e gurus, seguida pela era das grandes empresas de consultoria, sistemáticas e, portanto, um pouco conformistas em sua abordagem, deve vir o tempo dos analistas, mais atentos, mais aplicados, mais sensíveis, mais alertas às realidades dos mercados, que não poderiam ser negadas apesar da doutrina da globalização das marcas. Chega de verdades: elas são conhecidas. Precisamos, antes, de questionamentos e de uma abertura sobre novas perspectivas reveladas. A administração é um meio muito sensível às modas: os produtores de idéias, sejam empresas de consultoria, professores de Business Schools, mídias ou jornalistas especializados, convergem rapidamente para as mesmas idéias, os mesmos exemplos, as mesmas doutrinas. Portanto, estão afastados da luz dos holofotes aqueles que não seguem o pensamento único, mesmo se for em prol de si mesmos. O interesse suscitado há pouco tempo pelo Grupo PSA Peugeot Citroën, que não havia seguido o pensamento único da obrigação de fundir e que não era citado pelas mídias econômicas como exemplo de gestão de marcas, é revelador. Esse entusiasmo exagerado ocorrido nasceu, na verdade, da surpresa do microcosmo diante do sucesso daqueles que não se esperava. É para tais campeões que devemos nos voltar.

Começamos essa conduta neste livro, procurando exemplos evidentemente um pouco menos conhecidos, mas muito instrutivos. Esses campeões, pouco conhecidos internacionalmente, mas estrelas em nível europeu ou asiático, por exemplo, constroem lideranças em mercados e condições de concorrência bastante diversos. Por sua pertinência, sua diversidade, seus sucessos e fracassos, deverão fornecer a matéria para a reflexão sobre as marcas de amanhã e a sua gestão.

Bibliografia

BECKER, C. *Du Ricard dans le Coca*. Paris: Éditions d'Organisation, 2002.

CRAWFORD, F. & MATHEWS, R. *The Myth of Excellence*. Nova York: Crown Business, 2001.

CRISTOL, S. M. & SEALEY, P. *Simplicity Marketing*. Nova York: Free Press, 2000.

ELLWOOD, I. *The Essential Brand Book*. Londres: Kogan Page, 2001.

GILMORE, J. H. & PINE, B. J. *Markets of One*. Boston: Harvard Business School Press, 2000.

GODIN, S. *Unleashing the Idea Virus*. Nova York: Hyperion, 2001.

HILL, S. & LEDERER, C. *The Infinite Asset*. Boston: Harvard Business School Press, 2001.

IND, N. *Living The Brand*. Londres: Kogan Page, 2001.

KLEIN, N. *No Logo*. Lemeac/Actes Sud, Paris, 2000.

LEPLA, F. J. & PARKER, L. M. *Integrated Branding*. Londres: Quorum Books, 2000.

MITCHELL, A. *Right Side Up*. Nova York: Harper Collins, 2001.

NEWELL, F. *Loyalty.com*. Nova York: Mac Graw Hill, 2000.

PAYNE, A. et al. *Relationship Marketing*. Butterworth, London, 1999.

SCHULZ, E. *The Marketing Game*. Londres: Kogan Page, 2000.

SICARD, M.-C. *Ce que Marque Veut Dire*. Paris: Éditions d'Organisation, 2001.

SORDET, C. et al. *Les Marques de Distributeurs*. Paris: Éditions d'Organisation, 2002.

VARIOT, J.-F. *La Marque Post-Publicitaire*. Paris: Village Mondial, 2001.

Índice de marcas citadas

A

Absolut 13, 31
Accor 94
Adecco 127
Aérospatiale 43
Alcatel 17, 19
Amazon 95, 119, 136
Andersen 37
Apple 23
Arcelor 37
Ariel 13, 15, 16
Ashford 114
Auchan 88
Audi 58
aufeminin.com 124, 127, 129
Aventis 37
Aviva 41
AXA 41

B

Bardoin 65
Barex 52
Barilla 86
Benetton 32, 84-85, 86
Bic 101, 127
BMW 24
BNP Paribas 43
Bonux 15, 144
Boots 146, 151
Bordas 42

Boursorama. com 130
Bouygues Telecom 102
Brandt 46
Brandz 150
Bull 37
Burton 90

C

Caisse d'Épargne 39
Candia 146
Carrefour 32, 89, 90, 96, 142
Casino 89
Casto 144, 147
Castorama 65, 146, 147
CGEA 42
Chanel 24
Château OnLine 122
Cisco 119
Citroën 34, 41
Clan Campbell 31
Club Med 98
Coca-Cola 51, 87
Connex 42
Cora 89, 93

D

Daewoo 51
Damart 112
Danone 19, 103, 115

Darty 111
Dash 13
Dassault 43
Dassault Aérospatiale 44
Décathlon 140, 144, 147, 149
Dell 13, 20, 100
Destination Saveurs 151
Dim 31
Du Pont de Nemours 144

E

e-Luxury 98, 101, 132
eBay 122
Ermenegildo Zegna 101
Evian 14, 51

F

Fleury Michon 86, 88
Fnac 113
Formule 1 151
France Telecom 35, 79
Fructis 50

G

Gap 150
Geyer 63
Gillette 144
GTM 38
Guerlain 99

I

IBM 20, 24
Ikéa 150
Invitation au Voyage 151
Itineris 35

J

Jack Daniels 13
Jameson 83
jeboycottedanone.com 115

K

Kelkoo 38, 90, 124
kelkoo.com 127
Krups 30

L

L'Oréal 25, 50, 53, 110, 145, 146
L'Oréal Paris 14
Lacoste 27, 84-85
Lafarge 54
Lancôme 13, 110, 114
Larousse 42
Lavazza 86
Lesieur 148
Levi's 32, 33, 101
Lorina 63
Lu 20
Lustucru 86, 87
LVMH 98

M

Maggi 86
Manpower 127
Marks & Spencer 150
Mars 13, 14
Maybelline 14
McDonald's 81, 127
Mercedes 26, 101
Michelin 20, 106
Monoprix 143
Moulinex 13, 20, 28, 32

N

Nathan 42
Nestlé 19, 103, 104
Nielsen 13
Nike 17, 18, 22, 23
Nike Town 81
Nivea 13, 56, 110
Novartis 37
Novotel 96

O

Ogilvy 150
Orange 13, 35, 79
Orangina 23

P

Pampryl 52
Passat 58
Pernod-Ricard 43
Petit Marseillais 35, 54
Pétrole Hahn 35
Peugeot 41, 57, 59, 79, 94, 97
PIMS 51
PPR 41
Procter & Gamble 15, 104
PSA 41, 110

Q

Quechua 149
Quick 127
Quiksilver 90

R

Ralph Lauren, 14, 81
Reflets de France 140, 147, 150

Renault 60, 79, 94, 110
Ricard 32
Roche et Bobois 150
Roger Cavaillès 35
Rossignol 90

S

Sainsbury's 142
Salomon 90
Salomon Stations 81, 82
Sanford 127
Sarbec 145
Schneider-Legrand 46
Seb 13, 20, 28, 32
Sem Logo, 17
Sephora 82, 146
Siemens-Nixdorf 43
Smart 26
Smirnoff 13
Sunny Delight 87
Super U 142
Swatch 26

T

Taillefine 55
Teisseire 144
Tesco 151
Total 131
TotalFinaElf 43

U

Unilever 13, 34
Ushuaia 25, 51

V

Vache Qui Rit 32

Valrhona 65
Vichy 118
Vinci 37
Virgin 22, 83, 143
Virgin Pulp 63
Viva 146
Vivarte 37
Vivendi 37
Volkswagen 58
Vuitton 101, 106, 109, 134
VW 24

W

Wal-Mart 64
Wanadoo 37, 38
Whirlpool 46

Y

Yahoo, 38, 119
Yop 31
Yves Rocher 112

Z

Ze Bank 126

Índice

A

Adesão 59
AIDA 70
Alianças 26, 116
Automóvel 58, 73, 79, 97, 100, 101

B

Barreira de entrada 62, 129, 144
Bases de dados 70, 103
Below the line 69
Boato 83, 121, 131, 132, 135, 137, 138, 140
Boca a boca 123, 124, 125, 135, 137
Boicote 21
Branded house 40
Brick and mortar 133
Buzz 83, 121

C

Cadeia de valor 70, 75
Call center 21, 65
Capital de clientes 94
Capital de marca 69, 117
Categoria 49
Ciclo de vida 24
Circuitos de distribuição 65
Comércio eletrônico 88
Comunidade 75, 76
Conceitos 50
Concessão 101
Concessionárias 97
Confiança 24, 26, 31, 37, 90
Construção civil, 110
Consumer magazine 104
Contato 82
Contrato 25
Co-opetition 116
Cópia 151
Corporate 37
Cosmética 111
Crescimento 48
CRM 21, 70, 73, 96, 98, 103, 105, 115, 135
Cultura de cliente 31
Cultura industrial 31
Customização 101

D

Desafiantes 127, 128
Desejo 49
Desenvolvimento duradouro 21
Design 57, 58, 59
Deslocalização 20
Desmaterialização 18
Desmaterialização total 22
Distribuição exclusiva 133
Domínio 123, 130

E

e-brands 119
e-commerce 88

e-CRM 98, 99
e-mail 102
ECR 48
Embalagem 50, 142
Emoção 121
Empurrar 62
Energia 37
Envolvimento 74, 75, 150, 152
Euro 151
Extensão 89, 136
Extensão de marca 26, 34, 54

F

Fidelidade 91, 105, 148
Fidelização 36, 72, 148, 151
Fidelizar 83
Flash 134
Fluxos de caixa 36, 40
Fóruns 125, 126
Fragmentação 33
Franquia 84-85

G

Gerações 32, 50
Global 36
Global stores 54
Globalização 13
Globalizável 30
Goodwill 43, 44

H

Hipermercados 88
Holding 47

I

Identidade 37, 55, 58, 59
Identidade de marca 80

Imaterial 18, 20, 24
Indústria do luxo 27, 33, 53, 113, 114, 115, 133
Infomediários 109
Inovação 20, 31, 49, 62, 125, 140
Interação 93
Internet 48, 54, 70, 72, 75, 88, 106, 108, 114, 117, 119, 120

J

Jovens 36

L

Licença 26
Líder de opinião 75, 87
Liderança 124, 127
Líderes 43
Ligação à marca 69
Localização 13
Lugar de marca 83

M

Maduros 49
Mais-valia 41
Marca 36
Marca corporativa 47
Marcas de referência 31
Marcas globais 41
Marcas locais 15, 35
Marcas próprias 35, 141
Margens 30
Marketing da oferta 53
Marketing de massa 70, 102
Marketing relacional 72, 83, 91, 93, 96
Marketing um a um 70, 75, 77, 92
"Marqueting" 69
Massa crítica 39
Megamarca 34, 35, 47
Megastore 54, 83, 84-85

Mercado financeiro 130
Modelo de negócio 126
Mudanças de nomes 37
Mundialização 17

N

Nicho 63, 97, 142
Nome 37, 38, 42, 43, 123
Notoriedade 76, 117, 119, 121, 128
Núcleo 55

O

Origens 34

P

P&D 31, 34, 144, 146
Parcerias 97, 144
Permission marketing 135
Personalização 91, 97
Pertinência 33, 34, 35, 50, 97
Pioneiro 121, 125, 129, 145, 146
Plataformas 58
PME 60
Pontocoms 119, 120, 121, 123, 128
Portfólios de marcas 40
Pós-moderna 58, 59, 100
Posicionamento 31
Produto precursor 23
Programas de milhagem 97
Protótipo 23, 56
Proximidade 59, 77, 87, 123, 128
Publicidade 65, 70, 76, 77
Puxar 62

Q

Qualidade 129

R

Refrigerante 23, 87, 143, 154
Relação 32
Reputação 21
Retroinovação 63, 143

S

Satisfação 97
Segmentação 36, 128
Serviço 51, 134
Siglas 42
Slogan 32, 33
Sonho 31

T

Telefone celular 99
Televisão interativa 99
Tempo 32, 35
Tendências 53
Trade marketing 72

V

Valor 39
Valor agregado 20, 30, 31, 52
Valor das marcas 39
Valores 34, 114, 123

W

WAP 99

Z

Zapping 71, 77

edelbra

Impressão e acabamento:
E-mail: edelbra@edelbra.com.br
Fone/Fax: (54) 321-1744

Filmes fornecidos pelo Editor.